战略性新兴产业：
技术创新与政策调整

刘洪民　吕海萍　姜黎辉　著

教育部人文社会科学研究规划基金项目（15YJA630039）
浙江省软科学研究计划重点项目（2017C25018）
浙江省高等学校中青年学科带头人培养计划
浙江科技学院"科大青年英才"培养计划

资助出版

科学出版社

北　京

内 容 简 介

本书基于战略性新兴产业从技术创新到政策调整的逻辑框架，遵循新兴产业阶段性演进特征-技术创新及产业波及效应-创新生态系统-知识管理流程-动态性政策链之间的内在关系，构建了战略性新兴产业协同创新进程中可视化信息监控平台，实证分析了战略性新兴产业的创新时滞、产业波及效应视角的技术创新效率，论述了商业模式与产业生态网络关系及区域创新生态系统建设，深入探讨了技术研发的协同知识链模型和知识管理流程的绩效评价指标体系，系统研究了具有新兴产业生命周期特征的"适时混合型"政策组合链条，旨在为我国战略性新兴产业的发展提供借鉴。

本书可以作为战略性新兴产业、科技与创新政策研究人员和研究生、高年级本科生的重要参考资料，也可作为政府管理部门、有关决策部门、企业研发部门进行战略性新兴产业领域相关决策时的参考。

图书在版编目（CIP）数据

战略性新兴产业：技术创新与政策调整 / 刘洪民，吕海萍，姜黎辉著.
—北京：科学出版社，2018.12

　　ISBN 978-7-03-058345-1

　　Ⅰ. ①战… Ⅱ. ①刘… ②吕… ③姜… Ⅲ. ①新兴产业-技术革新-研究-中国②新兴产业-经济政策-研究-中国　Ⅳ. ①F279.244.4

　　中国版本图书馆 CIP 数据核字（2018）第 165902 号

责任编辑：陶　璇 / 责任校对：孙婷婷
责任印制：吴兆东 / 封面设计：无极书装

科 学 出 版 社 出版
北京东黄城根北街 16 号
邮政编码：100717
http://www.sciencep.com

北京虎彩文化传播有限公司 印刷
科学出版社发行　各地新华书店经销

*

2018 年 12 月第 一 版　开本：720×1000　1/16
2018 年 12 月第一次印刷　印张：11 3/4
字数：232 000
定价：96.00 元
（如有印装质量问题，我社负责调换）

作 者 简 介

刘洪民，男，河南许昌人。浙江科技学院博士，管理学教授，硕士生导师。现为浙江科技学院经济与管理学院副院长，浙江省高等学校中青年学科带头人。主要研究领域为创新管理、创新政策，主持国家社会科学基金项目、教育部人文社会科学研究规划基金项目、浙江省软科学研究计划重点项目等省部级以上项目10余项，获得浙江省教学成果奖、中国商业联合会科学技术奖等省部级奖励5项，在《研究与发展管理》《中国科技论坛》《科研管理》《经济体制改革》《中国社会科学报》等刊物上发表论文50余篇。

吕海萍，女，浙江嵊州人。西安电子科技大学管理学学士，浙江工业大学管理学硕士。现为浙江科技学院经济与管理学院教师，浙江工业大学经贸管理学院在读博士生。主要从事技术创新与管理等方面的学术研究。主持厅局级及以上项目4项，参与国家973子项目、教育部人文社会科学研究规划基金项目、浙江省自然科学基金项目、浙江省科技厅重点项目等省部级及以上项目10余项。在《地理科学》《研究与发展管理》《中国科技论坛》《科学学与科学技术管理》《科技进步与对策》等刊物上发表论文10余篇。

姜黎辉，男，河南新乡人。西北工业大学工科学士，西北工业大学管理学硕士，西安交通大学管理学博士，上海交通大学管理学博士后。郑州轻工业学院经济与管理学院教授，硕士生导师，在《中国软科学》《科研管理》《研究与发展管理》《预测》《科学学与科学技术管理》《中国科技论坛》等刊物上发表学术论文20余篇，主持和参加中国博士后基金项目、国家自然科学基金项目、省部级项目和企业横向项目多项，研究领域为技术创新、服务创新与知识管理。

前　　言

战略性新兴产业具有典型的阶段性演进特征,战略性新兴产业的发展为产业领导者地位的确立和后发国家实现经济赶超提供重要的"机会窗口",但其外部性和技术、市场、组织的多重不确定性将弱化其战略性功能的发挥,需要产业政策的培育。为了有效把握战略性新兴产业的"机会窗口",对战略性新兴产业的技术创新、演进特征进行全面剖析,构建与产业发展轨迹高度契合且覆盖产业不同发展阶段的动态政策链条具有重要现实意义。

本书遵循新兴产业阶段性演进特征-技术创新及产业波及效应-创新生态系统-知识管理流程-动态性政策链之间的内在关系,在以下几方面取得了一定的研究成果。一是从战略的高度论述战略性新兴产业协同创新进程中可视化信息监控平台的重要性,在新兴产业协同创新的战略管理方面做了探索。二是基于浙江省数据,实证分析了战略性新兴产业的创新时滞、产业波及效应视角的技术创新效率以及从高技术产业数据角度来研究研发(research and development,R&D)两面性、技术引进与高技术产业全要素生产率增长的关系。所得出的研究结论较符合浙江省战略性新兴产业的发展状况。三是基于创新生态系统视角,从系统和过程的角度来分析战略性新兴产业的发展。以移动健康与智慧医疗产业这一战略性新兴产业为例,指出市场与技术的双向互动关系使得该产业的商业模式正处于持续分化与聚合的震荡过程中,运营主体需围绕其商业模式率先构建生态网络。以杭州城西科创大走廊为例,阐述杭州城西科创大走廊建设全球领先的信息经济科创中心的关键是创新生态系统的建设。四是以高端装备制造业为例创建技术研发的协同知识链模型和知识管理流程的绩效评价指标体系。利用定量和定性相结合的多层次模糊综合评价模型较好地对战略性新兴产业技术研发的知识管理流程绩效进行综合评价。五是分析战略性新兴产业政策的组合及其生命周期管理,研究政策窗口开启与关闭的触发机制。研究表明,产业政策体系实际上是由覆盖产业不同发展阶段的政策链构成的,应借助政策协同平台,建立战略性新兴产业政策的横向与纵向协同关系,使得政策与政策之间形成动态有机耦合体,以更好、更快地实现整个政策体系的战略目标。

本书是一项集体合作的研究成果,由浙江科技学院刘洪民、吕海萍,郑州轻工业学院姜黎辉共同撰写完成,刘洪民提出总体写作方案并组织撰稿和统一审定。研究生韩毅超、刘炜炜参与了部分资料搜集、文献翻译和书稿校对工作。

　　本书作者在围绕战略性新兴产业发展主题的研究过程中，陆续从各自的研究成果中整理出十余篇学术论文，分别发表在《中国社会科学报》《科研管理》《中国科技论坛》《科技进步与对策》《科技管理研究》《技术经济与管理研究》《科学与管理》《科技和产业》《技术与创新管理》等刊物上，部分文章被中国人民大学复印报刊资料《创新政策与管理》转载，它们也构成了本书相关章节内容的一部分。

　　本书得到了教育部人文社会科学研究规划基金项目（15YJA630039）、浙江省软科学研究计划重点项目（2017C25018）、浙江省高等学校中青年学科带头人培养计划、浙江科技学院"科大青年英才"培养计划的资助。项目研究过程中许多领导、专家和同事给予了大力支持，在此一并表示感谢！

　　由于作者水平有限，加之中国战略性新兴产业相关问题研究是一项牵涉面广、综合性强的课题，本书只是进行了一些探索性研究，难免存在不足之处，还请各位专家和读者批评指正，便于我们在后续的研究工作中不断加以改进。

刘洪民

2018 年 5 月

于杭州小和山

目　　录

第一章　战略性新兴产业：从技术创新到政策调整

第一节　本书研究的目的和意义

战略性新兴产业是关系国民经济全局性，有可能成为主导或支柱产业的新兴产业（Forbes and Kirsch，2011），是对经济发展具有重大战略影响的新兴产业（Lin and Hsieh，2014）。21 世纪以来，特别是 2008 年全球金融危机后，基于引领未来和提升国家竞争力的重大意义，主要国家及组织纷纷将新兴产业的发展提升到国家战略高度，美国两度发布《国家创新战略》，欧盟制定《欧洲 2020 战略》，日本发布《新增长战略》，韩国发布《新增长动力规划及发展战略》，俄罗斯、巴西、印度等新兴经济体也采取重点赶超战略，力图在新兴产业竞争中抢占一席之地。后危机时代的国际竞争，很大程度上就是战略性新兴产业的竞争。发展战略性新兴产业是我国的战略布局，是加快产业结构升级和经济发展方式转变，提升产业竞争力和自主创新能力的重大举措（刘洪民，2014；刘洪民和杨艳东，2014）。从国际经济发展形势看，加快培育发展战略性新兴产业是我国努力掌握国际经济竞争主动权的必然要求。从国内发展转型需要看，加快培育发展战略性新兴产业是我国实现可持续发展的必然要求（薛澜等，2017）。在经济发展新常态下，战略性新兴产业将突破传统产业发展瓶颈，为我国提供"弯道超车"、在国际竞争中占据有利地位的宝贵机遇。

新兴产业的治理和创新是现代政府面临的一个重大挑战（Stilgoe et al.，2013；Buenstorf et al.，2015）。战略性新兴产业往往在技术、市场和产业组织方面存在多重不确定性，具有典型的阶段性演进特征（Utterback and Suarez，1993；Nelson，1994；Tushman et al.，1997；Johnson and Jacobsson，2003；Benner，2010；陈衍泰等，2012；胡斌和汪泓，2014；李欣和黄鲁成，2014；许箫迪等，2014），产业演进的规律性及动态过程，要求政策本身具有前瞻性与自适应性特征，且政策的制定必须随着产业动态演进过程进行适应性调整。只有这样，政策主体才能从整体上把握战略性新兴产业的阶段性发展特征和演变趋势，为产业的发展提供及时而有效的政策支持。图 1.1 为对战略性新兴产业的演进过程采用随机网络或图示评审技术（graphical evaluation and review technique，GERT）模型进行描述。节点表示产业系统状态，状态 1 表示新兴技术刚刚出现，战略性新兴产业进入种子萌芽期。状态 2～5 分别表示战略性新兴产业从孕育、成长发展到成熟稳定的不同演进阶段。状态 6 表示战略性新兴产业的转型升级，状态 7 表示战略性新兴产业的夭折或衰退，可能发生于产业演化的各个阶段。状态6、7是研究的目标节点；连接各状态节点间的实箭线表示各状态间的概率转移关系，虚箭线表示政府基于战略性新兴产业演进不同状态节点所进行的产业政策干预。产业演化阶段识别是产业政策适时推出的前提，在战略性新兴产业培育过程中，政策主体应基于战略性新兴产业内在的特定演进阶段，通过差异化政策引导、资源投入、组织协调等多种途径降低战略性新兴产业发展过程中的不确定性。

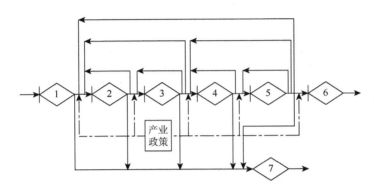

图 1.1　战略性新兴产业阶段性演进的 GERT 模型（许箫迪等，2014）

结合近几年我国战略性新兴产业的发展状况可以发现，当前我国在推动战略性新兴产业发展的政策制定和实施方面存在诸多问题，政策的缺位错位、"碎片化"、"黏性化"突出，政策调整缺乏连贯性和前瞻性（吴敬琏，2010；刘志彪，2011；朱迎春，2011；Liu et al.，2011；吕铁和贺俊，2013；吕铁等，2014）。因此，为了有效地把握战略性新兴产业的"机会窗口"，对战略性新兴产业的演进历程和技术创新规律进行研究，并在此基础上构建与战略性新兴产业的发展高度契合且能形成覆盖新兴产业不同发展阶段的动态政策调整机制具有重要现实意义，也凸显了本书的重要理论价值和应用价值，一方面是对中国情境下新兴产业基本理论的发展，另一方面是从应用层面提高我国新兴产业政策的科学性。

第一，有利于完善和补充中国情境下战略性新兴产业技术创新特征和产业政策理论。战略性新兴产业作为政策概念的提出先于国内外的理论研究，目前一些现实重大政策问题的学术研究还远没有形成一致的结论。众多研究将战略性新兴产业培育过程作为一个静态和同质的过程，对用各种方式抑或技术手段来准确判定战略性新兴产业所处的生命周期（主要指临界区间点的测度）的研究较少涉及，对战略性新兴产业在不同演进阶段对政策、资源的需求特性以及制定阶段性的动态政策措施的关注明显不足，对产业政策实施情况的效果监督和评估机制、评估标准和方法体系更是缺乏。中国战略性新兴产业的发展无法避开发达市场经济国家技术和产业演进的一般规律，但受特定制度环境、产业基础等因素的影响，其演进路径又表现出诸多异质性。本书在借鉴现有研究的基础上，将深入研究战略性新兴产业的技术创新特征，剖析政策窗口的触发机制及不同类型政策之间的耦合机制，建立与战略性新兴产业创新特征及演进轨迹高度契合且能形成覆盖战略性新兴产业不同发展阶段的"适时混合型"产业政策组合链条，这是对中国情境下战略性新兴产业创新特征和产业政策理论的丰富与发展。

第二，有利于提高我国战略性新兴产业政策体系的科学性和动态适应性。对于战略性新兴产业，政策的调整需要置于全球经济大环境中，政策主体需要建立全球视角的战略性新兴产业动态演变的监控和分析体系。战略性新兴产业具有鲜明的高技术含量、高投入、高成长和高风险特征，特别需要政府发挥独特作用，从技术研发、市场培育、规划引导等不同方面制定政策以促进战略性新兴产业发展（刘志彪，2011）。然而，产业政策设计和执行过程中存在的"惰性"，使得我国既有的战略性新兴产业政策与自身独特的技术范式存在错配（吕铁和贺俊，2013；吕铁等，2014），并表现为政策边界不清、政策瞄准效率不高、政策工具不足和政策实施不力等诸多问题。本书将构建一种动态有效的"适时混合型"政策管理机制，使战略性新兴产业政策能够依据产业阶段性发展进行动态调整，实现政策资源配置效率的持续优化。本书对制定与战略性新兴产业技术创新特征和中国现实产业基础相适应的战略性新兴产业政策，具有重要的现实意义。

第二节　国内外相关研究及文献述评

基于本书研究主题的需要，这里将与本书密切相关的国内外研究文献分为三部分进行梳理和评述：战略性新兴产业的内涵与基本特征、战略性新兴产业的演进特征及发展规律以及战略性新兴产业的培育引导政策。

（一）战略性新兴产业的内涵与基本特征

战略性新兴产业本身不是标准的经济学概念，而是战略产业和新兴产业两个概念的结合（吕铁和贺俊，2013；吕铁等，2014）。国外主要使用新兴产业概念，主流概念较多使用"emerging industries"，其主要从新市场及新服务、企业所处的生命周期、业务和就业增长、范式转变等视角来界定新兴产业（孙国民，2014）。"战略性新兴产业"术语为我国出于对新兴产业战略性考虑的特殊界定，体现了战略性和新兴产业两者的结合，前者强调主观性的发展重点，后者强调客观性的全新图景（薛澜等，2013）。

新兴产业源于 20 世纪 70～80 年代，兴起于 21 世纪，2008 年全球金融危机后关注陡增。学者从新兴产业界定、生命周期、发展风险、范式转变、研究方法等方面提出诸多见解（Porter，1996；Low and Abrahamson，1997；Aldrich and Martinez，2001；McGahan，2004；Erickcek and Watts，2007；Forbes and Kirsch，2011；Florian and Pedro，2013；Klenner et al.，2013；Tanner，2014；Buenstorf et al.，2015），我国新兴产业研究刚刚兴起（黄鲁成等，2013）。国内外学者都将主导产业和支柱产业看作战略产业的范畴（王少永等，2014）。发展经济学家 Hirschman（1958）最早提出战略产业的概念，并把主导产业称为战略产业。而 Forbes 和 Kirsch（2011）在研究新兴产业时提到，战略产业是指关系国民经济全局性、长远性利益的，将来有可能成为主导产业或支柱产业的新兴产业，即战略性新兴产业。国内学者迄今对于战略性新兴产业内涵的理解可归纳为产业带动、重大技术突破、环境友好、国际竞争力提升等方面，突出特征体现在地位战略性、影响全局性、技术前瞻性、市场风险性、发展可持续性、产业生态性和区域竞争性（刘洪昌，2011；霍影，2012；肖兴志和谢理，2011；李欣和黄鲁成，2014；孙国民，2014）。

（二）战略性新兴产业的演进特征及发展规律

1. 新兴产业发展的实质是新兴技术产业化

新兴技术具有"创造一个新行业或改变某个已有行业的潜力"（Day et al.，2000），其技术创新和技术扩散等构成的新的技术轨迹，对新兴产业的发展起着决定性作用（Li et al.，2014；Agarwal and Bayus，2004）。Tushman 和 Anderson（1986）研究表明，技术的渐进式变化阶段会被突变性变化所打断，新兴技术出现后产业竞争环境不确定性以及产业平均利润率要比新技术出现前显著升高。Ehrnberg（1995）系统研究了新兴技术的演变特征。新兴技术变化体现在福斯特 S 曲线非连续性跳跃点上，它既可以是从一个技术生命周期转移到另外一个技术生命周期，也可以是从技术生命周期中一个子循环移动到另外一个子循环，如图 1.2 所示。Moore（2005）通过研究突变性技术的演进路径，发现新兴技术是按照福斯特 S 曲线轨迹进行演进，随着新兴技术进入快速发展期，其与原有成熟技术之间的性能缺口会加速缩小，直至新兴技术超越和替代原有技术。技术的高度不确定性使得新兴技术的创新管理完全不同于渐进式创新管理，对渐进式创新行之有效的管理方法可能完全不适用于新兴技术的突变性变化（司春林，2005；银路和李天柱，2009；程跃等，2011；陈傲和柳卸林，2011；Bergek et al.，2013）。柳卸林（2000）认为，新兴技术的创新管理最大挑战是将新兴技术和新兴市场联系起来，当新技术与现有市场联系起来时，创新管理相对容易得多，但当两者都是新兴时，问题就复杂得多，因为这是一个双重共同演化的过程（刘海潮和李垣，2004）。Ganguly等（2010）的研究显示，随着新兴技术的动态演进，与之相关的多重不确定性也在动态演变，需要对多种要素的演变特征进行实时监控。Lucas 和 Goh（2009）指出，新兴技术往往孕育着崭新的产业生态系统，需要监控产业生态系统的重构过程、关键层次、各层次网络的联结类型以及联结时机。新兴技术能否顺利实现产业化决定了战略性新兴产业能否由萌芽状态发展成为国民经济中的主导产业，准确刻画战略性新兴产业的演进历程需要深度把握新兴技术的特性和技术演进的生命周期特征（陈继勇和周琪，2012）。

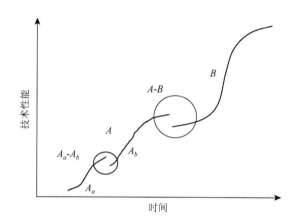

图 1.2　技术周期与新兴技术的突变性变化演进特征

2. 战略性新兴产业发展呈现典型的阶段性演进特征

大量实证研究表明，产业演进的阶段性是客观存在的，产业演化阶段研究集中体现为产业生命周期理论。Utterback 和 Suarez（1993）、Tushman 等（1997）提出产业演化过程的理论模型，尽管对演化阶段分析存在差异，但一致认为存在着两个主要阶段，即技术多样化发展阶段和主流设计形成市场增长阶段（Nelson，1994；高建和魏平，2007），战略性新兴产业同样可以识别出上述两个阶段（Johnson and Jacobsson，2003），陈衍泰等（2012）持同样观点。岳中刚（2014）认为战略性新兴产业遵循新兴技术和新兴产业发展的一般规律，按照一般生命周期过程渐次发展规律，战略性新兴产业同样具有引入期、成长期、成熟期及调整期等一系列阶段性特征（费钟琳和魏巍，2013；胡斌和汪泓，2014），李欣和黄鲁成（2014）指出新兴产业的形成过程分为先导、孕育和成长三个具有不同特征的阶段，Benner（2010）实证研究表明，新兴产业依据发展规律，其演进历程可分成六个里程碑式阶段：技术孕育期、技术龙卷风期、市场鸿沟期、产业链架构期、技术大道期和市场大道期。目前理论界对产业演进阶段划分还没有形成统一的可操作性的方法，使得产业演进阶段识别困难。尽管对具体的产业演化发展阶段划分存在分歧，但学者在战略性新兴产业存在阶段性演进特征方面基本达成共识。

（三）战略性新兴产业的培育引导政策

1. 新兴产业培育需要合适的政策工具

由于战略性新兴产业具有主导技术的不确定性和市场结构的高流动性，战略性新兴产业的出现和发展常常为产业领导者地位的确立与后发国家实现经济赶超提供重要的"机会窗口"（Hobday，1995；高伟和柳卸林，2013）。然而，战略性新兴产业通常处于产业发展的初期阶段，其外部性和不确定性的基本经济属性决定了战略性新兴产业完全依靠市场机制与企业自身的力量难以快速成长（吕铁和贺俊，2013），在其发展和演进过程中不可避免地存在"市场失灵"，这将弱化其战略性功能的发挥。因此需要政府对战略性新兴产业施以科学有效的政策影响（Lundvall，2002；Carlsson et al.，2002；Qian et al.，2005；Hekkert and Negro，2009；Sun and Liu，2010；朱迎春，2011）。产业政策是促进战略性新兴产业健康发展的重要手段（Leung，2013），与产业演进阶段性特征联系紧密（Suarez，2004；Lundberg and Andresen，2012；史俊等，2015）。

2. 新兴产业政策绩效的评估是实现政策进一步发展的关键

多数学者的实证研究表明，同样的政策在产业不同发展阶段的作用效果不同（Enzensberger et al.，2002；Bianchi et al.，2011；尹希果和冯潇，2012），史俊等（2015）认为政策制定是一个通过微观决策逐渐推进的过程，政策设计方式的不同对产业政策的实际效应产生影响（Lin and Hsieh，2014），产业技术政策、投融资政策和市场培育政策在新兴技术不同演进阶段的敏感性存在很大差异，战略性新兴产业的政府补贴存在一个诱导企业或挤出企业 R&D 投入的临界点（武咸方等，2016）。关于当前战略性新兴产业政策体系的评价，吴敬琏（2010）指出当前政策体系存在着"越位、错位和不到位"的偏差，刘志彪（2011）和朱迎春（2011）的研究共识是，契合战略性新兴产业各个发展阶段的政策工具相当缺乏，政策结构的缺位错位现象严重，Liu 等（2011）指出当前中国新兴产业科技政策的主要问题是多头管理和缺乏协调，吕铁和贺俊（2013）认为产业政策设计和执行过程中存在"惰性"，使得我国既有的战略性新兴产业政策与战略性新兴产业自身独特的技术范式存在错配，亟待通过政策效应评估理清政策体系成长的动态演变对产业发展的实际影响。

3. 政策的调整机制对促进新兴产业发展有重要影响

政策的制定过程是多方主体间的动态行为博弈（Casciaro and Piskorski，2005；Heilmann，2008；Tian and Hafsi，2009；Child et al.，2011；许箫迪等，2014），冯军政等（2013）研究表明，政策调整的重点在于通过政策工具力度和搭配来提高政策效率，应该在创新链、产业链整合方面加强制度设计。巫强和刘蓓（2014）、陆国庆等（2014）实证研究的共识是改变政府传统的研发补贴方式，注重战略性新兴产业的创新产出。美国学者 Kingdon（2004）提出"政策窗口"概念，强调政策主体要在技术环境演变的关键当口，适时地开启或关闭政策之窗，使政策发挥最佳效力。而政策窗口触发机制则是政策实施或终止的催化剂，触发机制一旦激活，相关的各个环节进程将按照一定的规则开始启动（Reid and Brentani，2004）。苏竣和张汉威（2014）基于技术创新语境，指出"示范"是政府推动技术创新的一种政策工具和干预手段。还有学者指出，"示范"是政策的触发器，能够为支持创新的倡导联盟和早期接受者提供一个"焦点"（Hendry et al.，2010；Jacobssons and Bergek，2004），类似于一种帮助政策推动者迈出第一步的触发机制。Halal（2015）指出预测、示范和准则应有助于提高对创造性破坏的新兴技术上升波浪的理解，并促进相关技术和战略的研究，提升企业在经济转型时代的竞争力。

（四）研究现状的评述

在对相关文献进行系统归纳和分析的基础上，本书认为，围绕战略性新兴产业的研究国内外均已取得一定成果。但战略性新兴产业作为政策概念的提出先于国内外的理论研究，从我国的情况看，战略性新兴产业研究仍处于起步阶段，有些问题的研究至今仍处于空白状态。按照产业成长周期划分，宏观政策取向方面的研究已得到多数学者的认同，无须渲染更多的研究投入。但究竟用何种方式抑或技术手段才能够准确判定战略性新兴产业所处的生命周期，以确定培育政策的投放和更新时机更值得关注，已有研究明显不足。同时，已有研究在战略性新兴产业政策效应评估、政策的触发机制、政策与产业演进路径的匹配性、不同政策之间的耦合性以及政策调整的有序性等多个方面存在不足。

未来产业层面的研究趋势将主要集中于两个方面：一方面，从产业创新的角度看，涉及新兴产业如何产生及其特征，新兴技术与产业关系及新兴技术产业化潜力、新兴产业的评价与识别等内容；另一方面，从新兴产业成长发展的角度看，涉及新兴产业发展的政策因素分析（包括政策有效性和对政策效果的评估研究）、新兴产业演化过程机理、新兴产业发展的阶段性及转换等内容。为此，应从新兴技术的成熟度与产业化潜力分析入手，在采用多情景产业技术路径图全方位展现产业演进规律的基础上，构建战略性新兴产业政策效应评估体系，着力探讨基于产业阶段性演进特征的政策窗口触发机制及政策之间的耦合机制，为政府合理制定战略性新兴产业政策提供科学依据。

第三节　现阶段新兴产业政策动态调整的紧迫性

发展战略性新兴产业是国家战略布局，是加快产业结构升级和经济发展方式转变，提升我国自主创新能力和产业竞争力的重大举措（刘洪民和杨艳东，2014）。与一般产业相比，战略性新兴产业在产业生命周期的初始阶段往往存在市场与技术的双重不确定性，具有鲜明的高技术含量、高投入、高成长和高风险等"四高"特征，这些特征需要政府发挥独特作用，建立有效的引导、协调、激励与约束机制，从技术研发、市场培育、产业规划等不同层面制定政策以促进战略性新兴产业发展（李欣和黄鲁成，2014）。

（一）战略性新兴产业政策需求的阶段性

对战略性新兴产业的特征，学者从战略性、不确定性（技术、市场和组织）、正外部性（研发、产业化）和复杂性（技术、产业化）等方面进行了诸多探讨，基本形成共识。对战略性新兴产业演进特征的深入分析表明，战略性新兴产业往往诞生于技术的突变之中。技术的突变往往会改变产业原有的竞争基础，这为中国企业实现弯道超越提供了宝贵的机会。突变性技术的整个发展历程是由多个里程碑式演进阶段构成的。伴随着突变性技术演进的战略性新兴产业的发展历程具有显著的阶段性、多重性和动荡性等特征。多项研究表明，产业政策（技术政策、产业投融资政策、市场培育政策和国际合作政策等）在战略性新兴产业技术不同演进阶段中的作用敏感性存在很大差异。例如，在技术龙卷风期（多个研发路径并头前行），政府应对由两个以上的企业构建的研发联盟采用研发补贴政策，而在产业链架构期，政府应对风险投资公司采用倾斜式税收优惠政策；与其他政策相比，在同样财政资源消耗的情况下，这两种政策的实施效果十分显著。从全球范围看，当前新材料产业正处于技术爆炸性增长的阶段，产业整体处于技术范式的构造期；而光伏产业已处于大规模商业应用阶段，完整的产业链在迅速形成；新能源汽车产业处于技术持续增长阶段，其中部分产业已经处于技术突变和需求导向的过渡时期。随着经济全球化和市场竞争的进一步加剧，战略性新兴产业的重要性日益凸显，当务之急是在把握相关新兴产业发展特征的基础上，依据不同的新兴产业不同的技术阶段，构建动态的混合型政策链条，以突破单一政策工具的局限性，提高整个政策体系的动态适应性。

（二）现行产业政策存在的主要问题

结合近几年我国战略性新兴产业的发展状况，通过对战略性新兴产业的产业技术政策、市场培育政策、税收政策和专项政策等整体政策架构的系统分析，可以发现，当前在推动战略性新兴产业发展的政策制定和实施方面还存在诸多问题，现行政策体制无法涵盖和适应战略性新兴产业的新特点、新诉求，契合战略性新兴产业各个阶段性发展特征和需求的政策工具比较缺乏，政策协调机制尚不完善。张嵎喆和王俊沣（2011）和朱迎春（2011）研究表明，战略性新兴产业的政策结构的缺位错位现象严重，政策体系呈现非均衡状态。总体来看，我国尚未建立起有效的战略性新兴产业政策调整的机制，而且缺乏有效的产业政策实施效果的考核机制，难以满足政策及时调整的需要。一些宏观的产业政策缺乏明确的责任主体和实施主体，难以推动战略性新兴产业政策的落实。

第一，在面向战略性新兴产业不同发展阶段方面，相关政策存在结构不合理、缺位错位现象。政策制定者和实施者之间缺乏协同性，使得相关政策呈现"碎片化"现象，政策的整合体系更是缺失。战略性新兴产业的技术路线往往具有多样性和不确定性，在这样的情景下，政策与政策之间需形成动态有机耦合关系，以使各项政策产生正向互动作用，最终形成一种有效的政策合力。然而在现实的产业发展环境中，由于政府职能的划分，财政资源、权力资源、信息资源和制度资源实际是由分散在政府不同层面的不同部门把控的，不同部门之间在政策制定和实施方面缺乏协调性，甚至互相掣肘。在这种情形下，政策的缺位与错位造成整个政策体系在战略性新兴产业演进路径上的分布呈现"碎片化"现象。

第二，政策主体普遍重视政策的推出，缺乏对战略性新兴产业的动态演变进行持续性跟踪，造成政策呈现"黏性化"现象，无法及时随着产业环境的变化而调整。战略性新兴产业的复杂性和高度不确定性，决定了政策主体产业政策的推出必须随着产业环境的变化而调整，适时掌控政策之窗开启与关闭的最佳时机，适时进行动态跟踪和控制调整，防止政策的"黏性化"现象，以实现政策体系的既定战略目标。

财政部、科学技术部、国家能源局等多部委2009年启动的旨在促进国内光伏发电产业技术进步和规模化发展的"金太阳"工程，采取财政补助方式，对并网光伏发电项目原则上按光伏发电系统及其配套输配电工程总投资的 50%给予补助，偏远无电地区的独立光伏发电系统按总投资的70%给予补助。然而，几年来政策实施的效果并不理想，推进速度远低于业界的预期，多地出现了虚报甚至只报不建等诸多不良现象。没有动态跟踪就没有控制调整，存在监管漏洞和缺乏调整的激励政策对于产业的发展是难以产生预期效果的。

仍以光伏产业为例，项目投入阶段有财政补助资金，经营过程中可以享受税收减免与返还，在土地、供电价格等方面得到优惠。产品在投入太阳能项目中又会享有投资补贴、高上网电价等支持措施。实际上，光伏产业一直得到政府政策的支持，这些政策叠加支持带来的产能扩张远远超过了国内市场的吸收能力，企业过度依靠国际市场，因而受到金融危机和政治环境等诸多因素冲击，并最终依靠政府动用公共资源救援。由此可以看出，如果产业政策支持过度，不仅会大量消耗国家的财政资源，而且会强化该产业对政策的依赖性，使其丧失活力和竞争能力。所以必须特别关注政策的时效性，当政策环境发生改变时，继续执行下去势必导致政策成本大于政策收益，政策的适时退出或调整与政策的适时导入同样重要，避免政策出现"黏性化"现象。

第三，政策主体在政策调整方面（储备、出台、实施和终结）缺乏前瞻性、一致性和连贯性。例如，在电动汽车领域，要加快推进其产业化，必须要有包括补贴、基础设施、提高油税、提高传统燃油车排放标准等在内的一揽子政策，既不能有所缺失，更要做到政策间彼此呼应。但是，我国电动汽车产业化几年来，出台的政策仍比较零散，而且政出多门，政策落实相互扯皮，延缓了电动汽车产业化的进程。

（三）加快建立产业政策的动态调整机制

随着经济全球化和市场竞争的进一步加剧，战略性新兴产业的重要性日益凸显。无论从国家经济社会发展的重大意义还是从产业发展的规律来看，战略性新兴产业都需要政府的大力培育和引导。当务之急是在把握相关新兴产业发展特征的基础上，依据不同的新兴产业不同的技术阶段，构建动态的产业政策调整机制以适应战略性新兴产业的演进发展。

针对战略性新兴产业技术阶段性演进特征，政策主体应在政策管理实践中系统研究战略性新兴产业技术的演进规律，分析研究产业技术政策、国际合作政策、产业投融资政策和市场培育政策在技术不同发展阶段的作用敏感性，构建一条与战略性新兴产业技术发展轨迹契合且能覆盖其技术不同发展阶段的动态混合政策链条，发挥不同类型政策的协同作用，有效地管理政策的生命周期，提高整个政策体系的动态适应性（姜黎辉，2014b）。对战略性新兴产业不同发展阶段的不同政策工具的作用敏感性进行的研究表明，不同产业政策的成本和效果是不同的，对产业作用的敏感性不同，适用产业发展的阶段不同。例如，同样的税收激励政策在战略性新兴产业不同发展阶段中的作用效果存在很大差异；财政补贴在一定程度上补偿了企业研发创新外部性带来的成本与收益风险，相比之下，税收优惠能在更大程度上诱导企业的研发活动。与企业个体相比，同样的政策作用在企业联盟体上的敏感性更为显著，在战略性新兴产业发展初期，政府应把政策资源投入给具有优势的产学研联合体。政策主体既需要研究单项政策的敏感性，更应注重分析政策组合对战略性新兴产业发展的作用效力及作用速度。需要强调的是，政策绩效的生命力在于政府与市场关系的动态调整，市场是推进技术创新和新产业发展的最强大的动力。财政资金的支持应更多体现在"竞争前"。在产品阶段应该尽量"补需方"而不是"补供方"。政策支持要体现公平公正的原则，防止不适当的直接干预抑制市场竞争（马晓楠和耿殿贺，2014）。

重大技术突破是战略性新兴产业持续发展的关键，技术上的突变伴随着大量不确定性因素，政府应建立政策效率的过程节点评估制度，以使政府适时依据产业最新演变趋势对政策资源进行动态再分配（黄永春，2016）。因此，政策动态调整重点在于政策的动态组合，既要考虑每个政策工具的力度，更要注重不同的政策工具的搭配。政策应是一个动态适应的过程，政府有关产业的激励政策需根据战略性新兴产业出现的新业态、新模式而适时调整。政府需要与企业进行深层次的互动，在不断试错过程中提高政策效率。政策调整实质上是政府决策者的再决策行为，是对政策资源再分配；由于政策资源的有限性，政府需根据产业发展态势有意识地从旧的政策体系中抽出资源，引入新的政策架构中，政策架构的转换时机、转换力度和转换速度将对整个政策体系的效率产生决定性影响。

第四节 本书的结构安排和逻辑主线

综合战略性新兴产业技术创新的特点和产业阶段性演进特征及一般学术研究的规范要求，本书将有关战略性新兴产业问题的研究分为相互关联的五个知识模块。

第一章和第二章是本书的第一个知识模块，作为本书研究的逻辑起点，分别给出了整个研究的目的意义、框架和视角。其中，第一章给出了国内外相关领域研究现状及文献述评，在此基础上，指出了我国战略性新兴产业发展需要构建动态的政策调整机制。该章结合战略性新兴产业政策需求的阶段性及现行产业政策存在的主要问题来具体阐述政策动态调整的重要意义。第二章从战略的高度论述了战略性新兴产业协同创新进程中信息监控平台的重要性，在新兴产业协同创新的战略管理方面做了探索。战略性新兴产业具有技术与市场深度融合、跨领域高度交叉的特征，加强协同创新是保持战略性新兴产业可持续发展的重要途径。战略性新兴产业协同创新具有高度复杂性和动态性，要使创新过程中的深层次问题纳入战略管理状态以实现控制、协调和沟通，需要建立一个可视化战略信息监控平台。该章对战略性新兴产业创新风险的预控与组合管理、合作网络的变化与控制、合作界面环境评估与优化进行了研究；作为战略性新兴产业协同创新动态全景图的重要组成部分，该章构建了协同创新的进展显示板、风险演变显示板、组合管理显示板、合作网络演变显示板以及合作界面环境显示板。可视化战略信息监控平台可使创新管理者更有效地实施事前控制和前瞻性决策，通过对创新过程动态优化，实现新兴产业协同创新可持续发展的战略目标。

第三至第五章构成了本书的第二个知识模块，主要围绕战略性新兴产业的技术创新展开，这也是本书的一个重要研究主体和核心。该模块分别研究了战略性新兴产业的创新时滞、产业波及效应视角的技术创新效率以及从高技术产业数据角度来研究 R&D 两面性、技术引进与高技术产业全要素生产率增长的关系。第三章基于 2008～2014 年《浙江科技统计年鉴》中的规模以上工业企业数据，分析浙江省战略性新兴产业的创新时滞。在战略性新兴产业技术创新能力提升过程中，对创新时滞的考虑和研究，不仅能对战略性新兴产业的技术创新效率有一个更加客观的认识和评价，也能更客观地分类指导、扶持战略性新兴产业的技术创新发展。战略性新兴产业的创新时滞问题，表现在战略性新兴产业的技术创新投入与技术创新产出时间上的不匹配性问题。该章所得出的浙江省战略性新兴产业及其各依托产业部门的创新时滞结果较为符合浙江省经济社会发展中各行业的行业性质和发展状况，具有一定的解释能力，因此也具有一定的可信性，有利于分类指导浙江省战略性新兴产业技术创新发展及技术创新效率的客观研究。第四章考虑到各战略性新兴产业间存在复杂的产业波及效应对技术创新效率的影响，采用 2007～2013 年统计数据，综合运用投入产出模型、相关系数法与数据包络分析法（data envelopment analysis，DEA）中的 BCC（由 Banker、Charnes 和 Cooper 提出，命名为 BCC）模型测算和比较分析浙江省战略性新兴产业 4 个不同产业波及效应组（高影响高感应组、低影响高感应组、高影响低感应组和低影响高感应组）的技术创新效率现状及变化特征，并有效挖掘出制约浙江省战略性新兴产业技术创新效率整体提升的瓶颈所在。及时有效的政策效应评估可以迅速发现战略性新兴产业政策的运行实效，从而及时跟进政策投入，依据产业反映适时作出政策调整，依据政策效率变动趋势完善政策的建设投入方向，使战略性新兴产业政策能够高效、稳定地作用于产业的实际发展，实现政策资源配置效率的持续优化。由于实际国情与政策目标的差异，各国各地产业政策效应的评估体系并不具备完全的通用性，且战略性新兴产业有其自身的特点，如何针对我国或者地方战略性新兴产业政策的实际运行效果作出有效评估，从而提高政策制定的科学性、政策调整的及时性，将是实现战略性新兴产业政策进一步发展的关键。基于该章的实证，从技术创新及其效率的角度，战略性新兴产业要在浙江省整个产业体系转型升级中发挥绝对的主导引领作用，还存在着较大的差距。第五章基于 DEA-Malmquist 指数测算浙江省高技术产业全要素生产率，运用一阶差分模型和加权最小二乘法检验了 R&D 两面性、技术引进对浙江省高技术产业全要素生产率增长的影响。研究表明，以中小型高技术企业为主的浙江省高技术产业亟须全面推进创新驱动发展战略，继续以自主 R&D 为主、技术引进为辅，持续加大 R&D 投入，增强 R&D 创新能力和吸收能力。我国战略性新兴产业不仅囊括了高技术产业这样的前沿和高端产业部门，也涵盖了对国民经济发展战略地位突出、关联带动作用强的基础产业部门，是集高创新性、高研发性、高成长性、高产业关联性特征为一体的支柱型产业，因而与高技术产业有类似特征，不少学者研究战略性新兴产业时因获取数据问题也是直接近似地以高技术产业相关数据来替代。因此，该章从高技术产业数据角度来研究。

　　第三个知识模块主要包含第六章和第七章，基于创新生态系统视角，从系统和过程的角度来分析战略性新兴产业的发展。第六章以移动健康与智慧医疗产业这一战略性新兴产业为例，指出市场与技术的双向互动关系使得该产业的商业模式正处于持续分化与聚合的震荡过程中。在勾画出当前商业模式的创新地图基础上，该章系统研究了商业模式与产业生态网络关系。研究表明，随着可穿戴智能设备、移动智能终端和云计算等技术取得突破性进展，移动健康与智慧医疗产业得到迅速发展，越来越多的公司被其巨大的市场空间所吸引进入该产业中。新技术是该产业的临时性进入壁垒，不同公司在这方面的能力差异使得各方的战略行为呈现多样性。然而，随着越来越多的研发机构加入，技术扩散的速度势必加速，更多的公司将会通过购买或合作研发方式获得相关技术，随着时间的延长，起初时的各公司之间的竞争优势差异性将会逐渐消逝。面对快速发展的市场，那些拥有生机勃勃且持续扩张生态网络的公司将获得规模经济，市场集中度将会提高，从而形成可持续性的进入壁垒，随着临时性进入壁垒逐渐消逝，后进入者将不得不面对市场先行者建立起的可持续性进入壁垒。要想在移动健康与智慧医疗产业中获得卓越绩效，运营主体不仅要擅长发现与其自身资源相适应的商业模式，而且需围绕其商业模式率先构建生态网络。同时，要在生态网络的顶层设计、合作模式、创新战略以及生命力评估方面建立起有效的管理机制，以使生态网络实现有机成长。第七章指出战略性新兴产业集聚化、生态化发展是创新驱动的重要动力。以科创大走廊为例，阐述科创大走廊建设全球领先的信息经济科创中心的关键是创新生态系统的建设。进行了科创大走廊建设全球信息经济科创中心的战略要素分析，构建了科创大走廊创新生态系统建设的框架，围绕全球创新要素的集聚、核心物种的培育竞争、生态系统配套程度的提升、核心企业更新力度的加强等方面提出了促进科创大走廊创新生态系统建设的政策建议。发展战略性新兴产业，不仅要通过产业和技术的跨越发展，突破全球产业链的重围，而且要注重通过相关各门类基于产业的协调配合，构建自主、完善的创新产业链和产业生态系统。战略性新兴产业往往于某一条件成熟区域涌现，该区域会成为新科技创新发展的策源地和起步区。借鉴国外的有益经验和做法，可以围绕重点战略性新兴产业，选择条件适宜地区开展试点，探索建立多元化区域创新生态系统，科创大走廊即为在这方面的探索实践。该章指出科创大走廊欲在新一轮信息产业变革中树立具有全球影响力的标杆，建立全球领先的信息经济科创中心，唯有构建优良的创业创新生态系统。如果产业的核心竞争力主要存储于整个产业生态系统而不是企业和部门，产业政策的着眼点就应当放在创造环境而不是提供激励方面。

在知识经济时代，知识在促进经济和社会发展中的关键性、战略性作用日益凸显。知识管理是提升组织核心竞争力的战略选择，面对更加不连续的环境的变化，所有组织都要涉及知识的创造、传播、更新与应用等知识管理活动，以提高核心竞争力。现在人们已经达成共识：新技术新产品研发所面临的一个关键挑战就是如何有效地获取知识，以降低创新的风险。技术创新涉及的范围越大，使用的技术越复杂，就越容易受到组织内部与外部变化的影响，从而对知识获取、知识共享和知识支持的要求也就越强烈（Cooper，2003）。在此大的背景下，本书第四个知识模块主要基于知识管理的研究视角探讨战略性新兴产业的技术研发，主要涉及第八章和第九章相关内容。第八章以高端装备制造业为例，基于模块化知识协同的视角，构建了高端装备制造业共性技术研发模块化协同的过程模型、基于共性技术研发业务流程的模块主体协同知识链模型以及协同知识链的知识流动模型，探讨了协同知识链知识流动的若干运行机理，分析了协同知识链中需要研究的关键技术，以期对我国高端装备制造业共性技术研发的知识链管理理论的提升和实践应用提供一定的借鉴。高端装备制造业是战略性新兴产业的关键组成部分，是现代产业体系的脊梁，对周边产业产生巨大带动作用。大力发展高端装备制造业是推动战略性新兴产业加快发展、促进产业结构加快转型升级的必然选择。我国高端装备制造业共性技术研发在知识经济背景下需要新的理论指导实践，国内外的实践证明，模块化协同在一种有效的制度安排之下可以实现优势互补、风险共担和共同发展，但产业层面的相关研究多拘泥于产业升级、产业集群模式、竞争优势、组织结构创新、技术创新等问题，缺乏知识链管理层面的理论架构。产业共性技术协同研发过程的本质是知识在各模块中的流动与创新的过程，模块化协同研发的过程中，知识资源分散在多个协同模块，核心模块通过一条无形的知识链将各模块紧密整合成一个动态的组织，通过有效的协同管理实现知识在各模块的有序流动和知识融合。知识链管理的兴起为协同研发过程中的知识流动过程研究提供了新的思路和视角，推动了协同研发中知识资源的开发、共享和利用，加速了协同研发的知识创新。第九章对战略性新兴产业技术协同研发的知识管理流程绩效评价进行深入分析，构建了基于战略性新兴产业知识管理流程的共性技术协同研发的绩效评价指标体系，包括技术协同研发的外部性知识管理、技术协同研发的设计性知识管理、技术协同研发的协同性知识管理、技术协同研发知识管理的组织定位、技术协同研发知识管理的技术支持以及技术协同研发知识管理流程的整合等 6 个一级指标及相关的 18 个二级指标和 59 个三级指标，并构建了层次分析法（analytic hierarchy process，AHP）和模糊综合评价（fuzzy comprehensive evaluation，FCE）模型结合的多层次模糊综合评价模型。经实例验证，利用此定量和定性相结合的多层次模糊综合评价模型可以较好地对战略性新兴产业共性技术研发的知识管理流程绩效进行综合评价。战略性新兴产业技术研发的基本特征决定了产学研用等多主体协同创新是必然趋势，知识协同是协同创新的核心，是知识在合作各方之间转移、吸收、消化、共享、集成、利用和再创造。基于战略性新兴产业技术研发流程探讨知识的获取、应用、共享、创造和转移等知识管理流程活动，将给战略性新兴产业技术研发创新提供一个新的视角。

　　第五个知识模块是基于前面一系列理论分析和实证研究的政策探讨，主要由第十章和第十一章构成。第十章以浙江省新能源汽车进行实证，选取感知价值与购买意愿的模型作为基础，并加入外部因素作为调节变量，构建研究模型测量影响消费者购买新能源汽车意愿的原因。消费者是产品的最终购买者，是一个产业发展的最终推动力，战略性新兴产业更是如此。与一般产业相比，战略性新兴产业一般处于产业生命周期的孕育或成长阶段，它与成熟产业的区别不仅体现在技术的新兴性和市场的不确定性这两个独立的维度，更体现在技术和市场相互作用机制的独特性上。用户作为构成新兴市场需求的主体，在定制和购买产品方面一直发挥着重要作用，尤其是在新兴市场形成的早期阶段，用户的这一作用不容忽视。以新能源汽车为例，基于环保性、能源安全性等原因，大力发展新能源汽车新兴产业是我国的基本国策。新能源汽车对节约资源和改善环境有重要作用，是汽车产业顺应时代趋势而进行改革的产物。同时，新能源汽车是我国发展汽车产业的一个契机，有望实现我国汽车工业"弯道超车"。现阶段，政府和企业采取了一系列措施发展、推广新能源汽车，但其销量还远远落后于传统汽车，私人购买更是少数。如何提高消费者的购买意愿是当前新能源汽车产业要解决的重要问题之一，该章即是针对浙江省新能源汽车购买意愿影响因素进行的定量研究。第十一章首先辨识当前我国在推动突变性技术发展的政策方面存在的"碎片化"、"黏性化"和"分离化"现象，系统研究突变性技术阶段性演进规律，在此基础上，分析政策的组合及其生命周期管理，重点研究了政策窗口开启与关闭的触发机制。政策窗口触发机制主要由范围、强度和触发时间三个因素构成，这是政策制定的必要条件。战略性新兴产业政策窗口触发机制的建立，将有助于政策主体依据新兴产业演进特征适时启动政策的相关议程，起到预警作用。有助于政策主体在有限的政策操作空间内通过政策工具箱的选择优化来提高政策效力，起到约束作用。有助于政策主体、技术环境与政策本身形成一个有机体，起到协同作用。研究表明，产业政策体系实际上是由覆盖产业不同发展阶段的政策链构成的，而政策链是由具有鲜明生命周期特征的"适时混合型"政策构成的。延循战略性新兴产业的阶段性演进发展路径，对"适时混合型"政策进行生命周期管理具有重要的现实意义。

第二章　面向新兴产业协同创新动态演进的战略信息监控平台

战略性新兴产业具有技术与市场深度融合、跨领域高度交叉的特征，加强协同创新是保持战略性新兴产业可持续发展的重要途径。战略性新兴产业协同创新具有高度复杂性和动态性，要使创新过程中的深层次问题纳入战略管理状态以实现控制、协调和沟通，需要建立一个可视化战略信息监控平台（姜黎辉，2014a）。本章对战略性新兴产业创新风险的预控与组合管理、合作网络的变化与控制、合作界面环境评估与优化进行了研究；作为战略性新兴产业协同创新动态全景图的重要组成部分，本章构建了协同创新的进展显示板、风险演变显示板、组合管理显示板、合作网络演变显示板以及合作界面环境显示板。可视化战略信息监控平台可使创新管理者更有效地实施事前控制和前瞻性决策，通过对创新过程动态优化，实现新兴产业协同创新可持续发展的战略目标。

第一节　概　　述

协同创新是一个复杂的创新组织方式，其关键是形成以大学、企业、研究机构为核心要素，以政府、金融机构、中介组织、创新平台、非营利性组织等为辅助要素的多元主体协同互动的网络创新模式（陈劲和阳银娟，2012）。发展战略性新兴产业需要高水平的战略协同、高质量的技术创新和高效率的创新管理，协同创新联盟及其基础之上的战略信息监控平台至关重要。与通常两个主体之间的合作研发不同，协同创新联盟参与者数量较多，它是多法人主体之间的合作。例如，由江苏师范大学牵头设立的江苏省先进激光技术与新兴产业协同创新中心，其合作单位包括国防科技大学、上海交通大学、北京交通大学、中国工程物理研究院10所、中国科学院上海光学精密机械研究所、中国科学院上海硅酸盐研究所、中国科学院安徽光学精密机械研究所，以及苏州安洁科技股份有限公司、南京长青激光科技有限责任公司、苏州德龙激光有限公司、江苏大族粤铭激光科技有限公司等。协同创新联盟往往围绕多个关键研究领域开展协同研究，每个研究领域山组群创新项目组成；随着创新项目类型和数量的增多，项目所涉及的范围更加宽广，协调管理工作更加复杂（蒋樟生和郝云宏，2012）。相关研究表明，在创新的实践中，创新联盟的协调难度随着参与者数量的增多而呈指数级增加（Bert and Geert，2008；Brigitte and Bernard，2005）。

战略性新兴产业协同创新具有高度复杂性和动态性，创新联盟体的协调与控制极富挑战性，它不同于一个组织内部的管理，也不同于基于市场的交易管理以及业务双边关系的管理（Gilsing et al.，2013），有必要对协同创新的战略管理进行深入系统研究。

作为协同创新动态全景图的重要组成部分，本章构建了协同创新项目的进展显示板、风险演变显示板、组合管理显示板、合作网络演变显示板以及合作界面环境显示板，可视化战略信息监控平台可使创新管理者更好地把握协同创新的内在深层次问题，更有效地实施事前控制和前瞻性决策，通过对创新过程动态优化，实现协同创新可持续发展的战略目标。

第二节　战略性新兴产业创新项目的风险预控与组合管理研究

与一般技术创新相比，战略性新兴产业协同创新往往涉及大量不同种类的技术，创新项目的多样性、动态性和相互融合性使得战略性新兴产业协同创新管理工作成为一个复杂的系统工程。

高端制造装备协同创新中心是由西安交通大学牵头设立，浙江大学、华中科技大学、大连理工大学，以及陕西秦川机床工具集团有限公司、洛阳轴研科技股份有限公司、沈阳机床集团有限责任公司、大连机床集团有限责任公司、沈机集团昆明机床股份有限公司、北京工研精机股份有限公司等企业作为联盟单位共同建设的。高端制造装备协同创新中心的研究工作涵盖 5 大领域：高端制造装备设计研究、高端制造装备控制研究、高端制造装备制造工艺研究、高端制造装备基础部件研究以及高端制造装备集成研究。如图 2.1 所示，每个研究领域又由组群创新项目组成，例如，高速高效加工工艺及装备研究包括曲面加工的微分原理、轴联动的机电耦合动力学、高速加工的刀具实效机理与创新刀具、高速切削数据库与工艺优化、高速支承与高速主轴设计与制造以及五轴联动数控机床设计与制造，精密超精密加工工艺及装备研究包括纳米切削机理、装备的微扰动及纳米级精度创成、超精密检测、大口径 0.1μm 超精密铣磨机设计与制造以及纳米级抛光机设计与制造。

在协同创新的背景下，不同以往研发项目孤立和分散式的传统管理方式，应将组群创新项目视为一个整体进行管理，也就是组合管理模式，其关键工作流程包括：

（1）确立协同创新的战略目标；

（2）监控所有创新项目的进展态势；

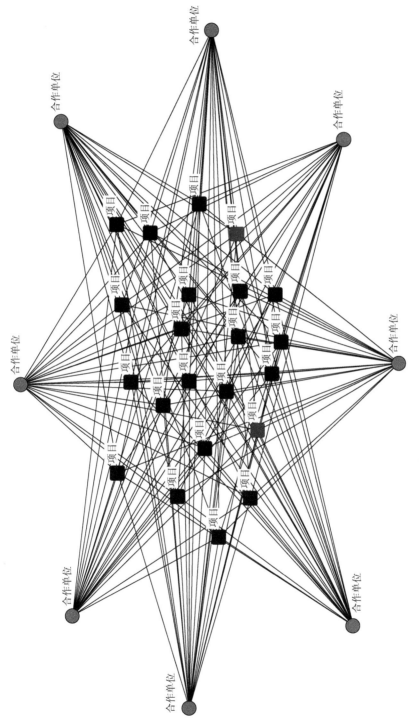

图 2.1 协同创新的组群创新模式

（3）分析创新项目的风险演变趋势，分析其短期性与长期性、分散性与集中性演变特征；

（4）在时间节点上，对所有创新项目的战略价值、进展态势和创新风险进行动态评估；

（5）依据协同创新的战略目标和内外部环境的变化，适时地对创新项目实施相关决策，即加速、暂停以及终止；

（6）构建协同创新的组合管理显示板，基于现有的资源和能力，动态确定最优项目组合。

全面监控和分析创新项目的进展态势是项目组合管理的前提。创新项目的研究工作基本可分为基础研究、共性技术研发和工程化技术开发三个层次（胡冬云和陶丹，2012），这三个层次研究工作具有递延式逻辑驱动关系。为使协同创新管理者更有效地把控创新项目的进展态势，实施超前控制，有必要建立各个创新项目的基础研究-共性技术研发-工程化技术开发三个层次的进展显示板，如图 2.2 所示。

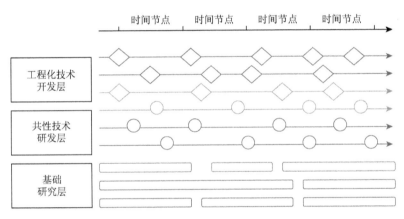

图 2.2 协同创新项目的进展显示板

协同创新管理者要对每个创新项目的三个层次的研究工作进行规划和合理布局，大学研究机构更要在基础研究方面做好预研工作。2006 年以来，合肥工业大学先后资助了 30 多个预研项目，涉及战略性新兴产业和国家安全等领域；经过一段时间的培育，这些项目产生创新的萌芽，为实现协同创新奠定良好的基础。合肥工业大学校长徐枞巍认为，如果没有这些提前部署和预先研究，大学很难在协同创新中有所作为（徐枞巍，2012）。

在创新的过程中，互补创新的不确定性、系统整合的不确定性、通过需求测试的不确定性、与已有技术竞争的不确定性、市场与资源不确定性等因素不停地演变，根据创新过程的多重不确定性特征，有必要依据协同创新的基础研究-共性技术研发-工程化技术开发三个层次演化路径图，构建创新风险评估与预控显示板，并建立相关工作流程。

（1）定期识别和评估创新风险类型，明确面临的风险属于哪种类型：技术风险、进度风险还是成本风险？

（2）预测创新风险发生的概率，即创新风险发生的可能性有多大？

（3）评估创新风险后果的严重性，协同创新的战略目标多大比例会受到该风险的影响？

（4）制订缓解创新风险的行动计划，对于识别出的每一个主要风险，应该组建一个小组来负责制订一套正式的风险缓解方案。

（5）构建创新风险演变显示板，在实施缓解风险的行动计划后，创新风险演变趋势是加剧还是减缓？

同时，应将所有创新风险视为一个整体进行管理，运用情景分析法等管理工具，监控创新风险的中长期演变模式，重点关注不同类型风险在某一时域内产生的多重风险叠加效应，多重风险叠加效应往往会产生出人意料的严重后果，如图 2.3 所示。

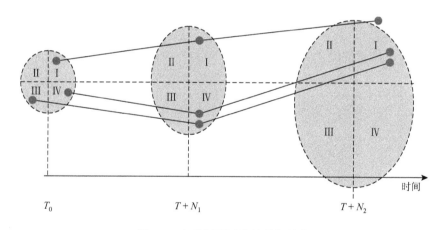

图 2.3　多重创新风险的叠加效应

Ⅰ：风险发生可能性大，后果严重性高；Ⅱ：风险发生可能性大，后果严重性低；Ⅲ：风险发生可能性小，后果严重性低；Ⅳ：风险发生可能性小，后果严重性高；

T 代表时间演变；N 代表不同的新阶段

如图 2.4 所示，创新风险演变显示板可使协同创新管理者全方位地监控创新风险的来源和等级，分析创新风险的长期性与短期性、分散性与集中性等演变特征，从而增强创新风险的预测能力以及应对不确定性因素的动态调整能力。

风险的来源	严重性	发生概率	控制方案	风险演变趋势			
				时间节点	时间节点	时间节点	时间节点
项目1：基础研究技术风险	A	90%	方案1	加剧		减缓	
项目2：共性技术研发进度风险	B	50%	方案2	加剧	减缓		
项目3：工程化技术开发费用风险	C	30%	方案3	加剧			
项目4：工程化技术开发技术风险	A	60%	方案4		减缓		
项目5：共性技术研发进度风险	B	30%	方案5	减缓			加剧
项目6：共性技术研发技术风险	B	90%	方案6	加剧			
项目7：工程化技术开发进度风险	C	50%	方案7	加剧			
项目8：基础研究技术风险	A	90%	方案8	减缓			

图 2.4 协同创新风险演变显示板

创新项目的组合管理显示板建立在进展显示板和风险演变显示板的基础上，如图 2.5 所示（注：图中圆的直径大小代表项目战略价值的高低）。协同创新管理

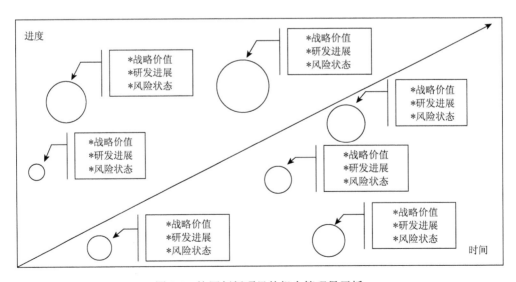

图 2.5 协同创新项目的组合管理显示板

者通过分析创新项目的组合管理显示板，识别项目与项目之间的依赖关系，评估项目的战略价值、进展情况以及风险状态，并依据协同创新联盟现有的资源和能力，估算出所能支持的项目类型和数量，筛选出低价值的、不符合战略的、多余的、执行很差的项目来降低创新复杂性，通过对创新项目的再选择、再排序和再优化，来提高协同创新的整体绩效。

第三节　协同创新合作网络的变化与控制研究

美国的工程研究中心（Engineering Research Center，ERC）是由大学引领的研究型联盟，在近 30 年的运行经验积累中，形成有效的创新合作网络评价体系，其中关键指标之一是创新合作网络节点的类型与数量，也就是说，创新合作网络的结构特征会对创新绩效产生直接的影响（Levén et al.，2013）。

创新合作网络变化的背后主要驱动因素是技术变量。Moore（2005）把技术的里程碑式演变分为早期市场期（early market）、鸿沟期（chasm）、保龄球道期（bowling alley）、龙卷风期（tornado）和大道期（main street），创新合作网络的结构需要与技术不同发展阶段实施动态匹配。在协同创新背景下，随着各创新项目的不断进展，互补性创新资源的性质及其拥有者主体特征也在不停地变化，驱使协同创新的合作网络不断发生迁移，创新管理者应动态预测未来合作模式的发展趋势，以使协同创新顺利进入下一个阶段。

对于协同创新，基础研究、共性技术研发和工程化技术开发等三种网络间依次产生驱动性变化。当技术处于基础研究阶段时，由于技术的不确定性较高，创新联盟体内的合作模式主要位于"光谱"的左端，如图 2.6 所示，即松散型合作模式占据主导地位；随着创新向前推进，进入共性技术研发阶段，技术的不确定性在逐渐降低，合作网络的层次型结构形态开始展现，由于创新知识的累加效应，早期介入网络的大学研究机构组成网络的稳定核，并和后加入企业进行联结，这时合作模式向"光谱"的右端迁移，由大学和企业构建的共性技术研发网络会持续扩张；随着进入工程化技术开发阶段，那些在共性技术研发阶段开展合作的各企业，将不得不在最终产品市场进行直面的竞争；因此，有实力的企业开始采取合资模式来构建自身的合作网络，在这个阶段，创新联盟体内的合作模式多处于"光谱"的右端，以合资模式为主的多元化网络开始展现出来，协同创新网络演变特征如图 2.7 所示。

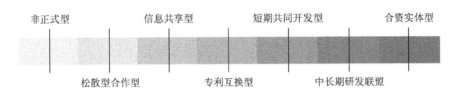

图 2.6　合作模式的"光谱"序列

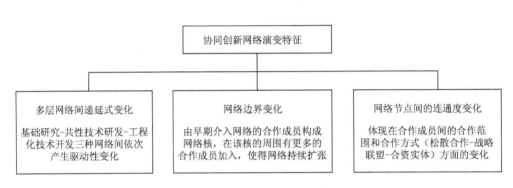

图 2.7　协同创新的网络演变特征

　　由于创新资源的有限性，协同创新管理者需根据各类创新项目的进展态势主动从旧的合作架构中抽出资源，并有意识地引入新的合作架构，新的合作架构不仅要能够满足未来创新的需求，而且要与当前研发活动不产生冲突，这就需要协同创新管理者同时走网络构建和解构的双重途径（姜黎辉等，2009）。

　　为了更有效地分析协同创新合作网络演变趋势，有必要构建协同创新合作网络演变显示板，如图 2.8 所示，并建立相关工作流程。

　　（1）建立基础研究、共性技术研发和工程化技术开发等三种合作网络的递延式逻辑驱动关系。

　　（2）构建协同创新合作网络演变显示板，分析其静态结构以及未来演变趋势。

　　（3）识别并评估技术演进的成熟度，主动操控合作网络向协同创新战略转换所要求的方向调整。

　　（4）依据协同创新下的组群创新项目的进展态势，适时地调整短期、中期和长期合作网络的架构，把握好网络架构的转换时机、转换力度和转换速度。

　　协同创新管理者对合作网络的控制能力将对创新整体绩效产生重要影响，这种能力将决定网络演变趋势（多元开放型或封闭型、同质化或异质化）（Florian and Pedro，2013），因此，协同创新合作网络的协调与控制将是协同创新战略管理的重要组成部分。

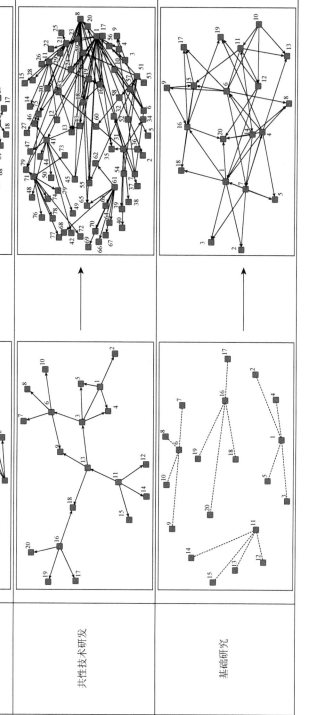

图 2.8　协同创新的合作网络演变显示板

第四节　协同创新合作界面环境的评估与优化研究

相关研究显示，创新联盟的失败率高达 40%～70%，其中重要因素是跨组织的界面管理问题（刘兰剑和党兴华，2007）。界面管理是指为完成同一任务，解决界面各方在信息、物质、财务和专业分工等方面的矛盾，实现控制、协作与沟通，提高合作的整体功能，实现合作绩效的最优化（李凤莲和马锦生，2002）。

就协同创新而言，界面管理的实质，就是构建和保持一种良好的界面环境，使得跨界面的交流、协调、合作能够有效进行，使重要的界面关系纳入战略管理状态以实现控制、协调和沟通，提高创新绩效。协同创新的合作界面环境由硬件和软件要素构成，其中硬件要素包括合作协议、信息交流机制、激励机制以及研究成果归属机制等，而软件要素包括合作文化和人际信任度等。

如图 2.9 所示，协同创新存在两种层次的合作界面，即协同创新联盟体层次上的合作界面以及各个创新项目层次上的合作界面，这两种合作界面环境由于多层委托-代理关系的存在而产生差异，如图 2.10 所示。

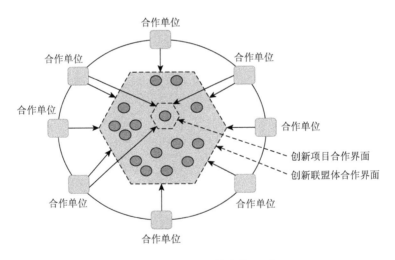

图 2.9　协同创新的合作界面

在我国，协同创新联盟多是通过国家意志引导安排的，各合作单位的高层管理人员普遍存在强烈的动机与外部单位建立协同创新联盟，协同创新联盟体层次上的合作界面硬件与软件要素基本处于理想的状态。然而，在以高校为主导的协同创新联盟中，创新项目最终由高校骨干教师来完成，一般而言，他们都有自己

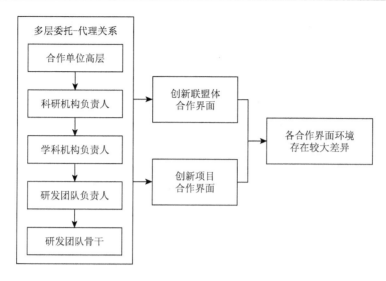

图 2.10　委托-代理与合作界面环境的关系

的科研基金项目,研究资金相当充裕,他们更有兴趣和动力从事自己科研基金项目的研究;而在协同创新背景下,研究工作更强调协同,研发成果更强调集体的贡献,研究成果的归属和论文发表的个人排名顺序往往与高校教师偏好之间存在相当大的差异。因此,创新项目层次上的合作界面环境与协同创新联盟体层次上的合作界面环境往往存在差异。

另外,各创新项目的合作界面环境也会存在不同程度的差异。各创新项目的合作界面环境在创新过程中是不断动态演化的,合作成员的资金和人员投入力度、人员激励机制、风险承担机制、冲突解决机制以及知识产权的归属机制等因素直接影响着创新项目的合作界面环境。在创新实践中,合作成员往往既是合作者,又是竞争者;对于来自大学的科研成员,他们在协同创新领域中是合作者,而在国家自然科学基金项目和国家重大科研专项申请方面又是直接的竞争者,对参与的企业而言,更是如此,他们在产业共性技术方面开展合作,而在产品最终市场方面又不得不进行残酷的竞争。在协同创新的过程中,合作成员之间的吸引极和排斥极不断影响着各创新项目合作界面环境的变化趋势。

因此,为使创新管理者洞察和把握创新进展缓慢、创新绩效差的深层次原因,有必要对创新联盟体和各创新项目的合作界面环境进行定期评估,识别并优化合作界面环境中的短板因素,如图 2.11 所示。

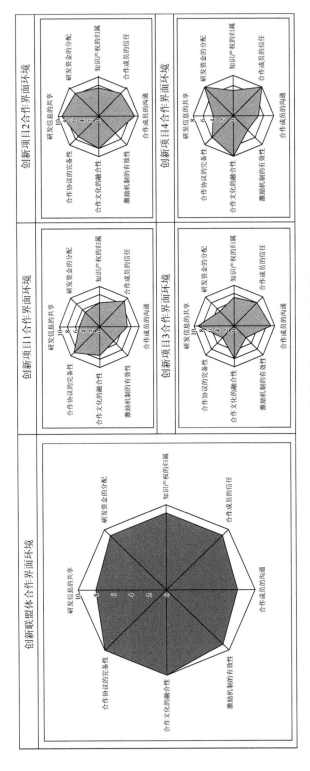

图 2.11 协同创新的合作界面环境显示板

作为协同创新的战略管理重要组成部分，合作界面环境的评估与优化也要建立相关工作流程。

（1）建立创新联盟体以及各创新项目的合作界面环境硬件与软件要素的评估体系。

（2）构建协同创新的合作界面环境显示板。

（3）识别合作界面环境中的短板因素，评估短板因素的后果严重性。

（4）制订消除短板因素的行动计划，监控行动计划付诸实践后的短板因素演变趋势。

对于合作界面环境的优化方法，许多学者从不同角度进行了深入分析。例如，Brockhoff 和 Hauschildt（1997）提出的界面管理的无等级和等级协调模式；李宝山（1998）等提出的等级泛化与模糊处理等整合界面的方法；徐磊（2002）提出的界面管理的共识性、开放性和约定性等原理。由西安交通大学牵头建立的高端制造装备协同创新中心在创新实践中较好地运用了横向系统的界面管理方法，该中心设立了学术特区，由中心自主设岗、自主选聘、自主考核、自主定酬，采取"流动不调动"方法，推动中心与其他高校、科研院所、企业之间的人员聘用和流动。协同创新管理者要努力把创新联盟打造成学习型组织，将合作界面最佳管理方法经过提炼、分析和归纳，结合在实践中积累下来的经验，建立合作界面最佳实践知识库。

协同创新的合作界面管理是一个动态的持续评估、分析和优化循环反复的过程，构建合作界面环境显示板，可以使协同创新管理者以可视化的方式识别合作界面的短板因素，通过学习和运用最佳实践知识确立合作界面环境优化的路径图，逐渐消除短板效应，使得合作界面环境得到持续优化。

第五节　结论与启示

战略性新兴产业协同创新具有高度复杂性和动态性，协同创新联盟体的协调与控制更富挑战性。协同创新联盟合作协议往往不能动态适应内外部环境的变化，在创新实践中，加强协同创新的战略管理工作对实现协同创新可持续发展具有重要意义（张廷，2013；辛冲和冯英俊，2011）。

要使战略性新兴产业创新过程中的深层次问题纳入战略管理状态以实现控制、协调和沟通，需要建立一个可视化战略信息监控平台。本章通过构建协同创新的进展显示板、风险演变显示板、组合管理显示板、合作网络演变显示板以及合作界面环境显示板，在战略性新兴产业协同创新的战略管理方面做了一些探索性工作，今后需要继续结合战略性新兴产业协同创新的实践活动，使之在理论上更具系统性，在管理实践上更具应用性。

第三章　战略性新兴产业的创新时滞研究：
浙江省数据

战略性新兴产业是战略产业、新兴市场和新兴产业的深度融合，集高创新性、高研发性、高成长性、高产业关联性特征为一体，其对经济长远发展所产生的重要作用已成为世界各国或各地区竞相角逐的焦点。要增强战略性新兴产业对我国区域经济发展的持续支撑和引领作用必须依赖创新驱动，抢抓"技术红利"，大力增强其技术创新能力。而在战略性新兴产业技术创新能力提升过程中，创新时滞的考虑和研究，不仅能对战略性新兴产业的技术创新效率有一个更加客观的认识和评价，也能更客观地分类指导、扶持战略性新兴产业的技术创新发展。

战略性新兴产业的创新时滞问题，表现在战略性新兴产业的技术创新投入与技术创新产出时间上的不匹配性问题。已有研究证实：创新活动或研发活动存在时滞性，不同创新主体（如企业、政府、高校等）、不同类型产业的创新活动（研发活动）所呈现的创新时滞是不同的。当然，地区经济发展环境不同，战略性新兴产业创新时滞的差异可能也会较大。因此，本章的研究将以浙江省战略性新兴产业为例。在中国政府 2010 年明确提出将培育和发展战略性新兴产业作为当前经济社会发展的重大战略任务的契机下，浙江省政府在契合国家战略性新兴产业的重点领域基础上，结合浙江省经济社会深入发展的需要，确定节能环保产业、新材料产业、新能源产业、生物产业、高端装备制造业、新能源汽车产业、海洋新兴产业、新一代信息技术与物联网产业、核电关联产业等九大产业作为浙江省的战略性新兴产业发展的重点方向，进行大力培育和积极推进发展。近年来，浙江省九大战略性新兴产业正处于稳步持续增长的良性发展中，但由于各个战略性新兴产业的技术领域、技术复杂程度及技术实现的整个过程都存在较大的差异，其技术创新具体时滞期限也存在较大的不同，因此对浙江省战略性新兴产业创新时滞进行研究具有一定的代表性和参考性。

第一节　技术创新时滞文献评述

已有的创新时滞研究更多地集中在研发层面上的时滞。本章从两个角度加以梳理。

（一）关于研发时滞具体期限的确定或测算研究

国外文献成果有不少。例如，Parkes（1984）研究认为机械和电子工业的滞后期大约为两年；Grilichies（1986）发现，企业的 R&D 支出多直接用于发展和应用领域，因而滞后期较短；Akira 和 Kazuyuki（1989）研究得出了各行业的研究开发滞后期：电器机械、电子设备零部件、通信设备、金属制造器械滞后期为 2 年，医药行业为 5 年，其他行业为 3 年。国内也有一些相关的研究。例如，王玉春和郭媛嫣（2008）将各期滞后的投入分别对产出进行回归，发现前一期的研发投入和前两期的研发投入与当期产出的回归系数显著且为正。其中前两期的研发投入与当期产出的回归系数比前一期的研发投入与当期产出的回归系数大，说明了研发投入具有滞后性，并且滞后两年的效果比滞后性一年的效果显著。梁莱歆和张焕凤（2005）对我国高科技上市公司进行分析，他们发现研发投入确实存在滞后性，但并未明确指出滞后期限。何玮（2003）运用我国 1990～2000 年大中型工业企业的数据研究发现，研发投入仅在 3 年之内对企业的绩效产生正的影响，滞后期限较短。然而，任海云和师萍（2009）研究了我国 A 股71 家制造业上市公司，发现研发投入并没有表现出滞后性。

（二）关于创新时滞的具体应用

以 CSSCI 期刊库为基点，对其在 2006～2014 年的高技术产业技术创新效率测评研究方面的学术论文进行收集、整理和总结，发现在该时期的约 40 篇测评高技术产业技术创新效率的学术文献中，不考虑创新时滞和考虑创新时滞数量基本相当（成力为等，2011；戴万亮等，2013；丁勇和刘婷婷，2011；冯缨和滕家佳，2010；高建和石书德，2007；顾群和翟淑萍，2013；韩晶，2010；何玮，2003；李邃等，2010；林志扬和从奎，2014；牛泽东和张倩肖，2012；戚宏亮和王翔宇，2013；时省等，2013；赵树宽等，2013；刘伟和李星星，2013；刘秉镰等，2013；张经强，2012；刘和东，2012；陈骑兵和马铁丰，2012；邹文杰，2012；尹伟华，2012a；尹伟华，2012b；刘云和杨湘浩，2012；叶锐等，2012；李向东等，2011；王伟，2011；冯锋等，2011；赵琳和范德成，2011；张清辉和王建品，2011；余泳泽等，2009，2010；柴华奇等，2010；周立群和邓路，2009；官建成和陈凯华，2009；吴和成，2008；陈洪转等，2008；郑坚和丁云龙，2008；岳书敬，2008；薛娜和赵曙东，2007；刘志迎等，2007；朱有为，2006）。在考虑创新时滞的研究文献中，林志扬和从奎（2014）、刘秉镰等（2013）、刘伟和李星星（2013）、张经强（2012）、尹伟华（2012a）、刘云和杨湘浩（2012）、叶锐等（2012）、李向东等（2011）、冯锋等（2011）、余泳泽（2010，2009）、朱有为（2006）

都直接设定创新时滞为 1 年，即当年的产出取决于上一年的投入。而陈骑兵和马铁丰（2012）、张清辉和王建品（2011）、官建成和陈凯华（2009）将创新时滞直接设定为 2 年。刘和东（2012）则对 1 年、2 年、3 年的创新时滞分别融入高技术创业创新效率的估算中。在国内现有的战略性新兴产业技术创新效率测评研究成果中，多数是没有考虑创新时滞问题的，少量文献考虑到战略性新兴产业的技术创新驱动特征，一般也都是直接根据经验研究设定战略性新兴产业的创新时滞为 1 年或 2 年。

可见，创新时滞是客观存在的。国内现有文献中几乎还没有文献涉及研究战略性新兴产业的具体创新时滞期限确定。且现有的研究文献中多数都是直接借鉴已有研究成果，直接设定时滞为 1 年，少部分设置为 2 年。这或许与产业发展的实际不符，且因战略性新兴产业不同、地区经济发展环境不同，创新时滞的差异可能也会较大。因此，有必要测算不同地区各战略性新兴产业的具体创新时滞，且创新时滞也能从一定程度反映出不同地区战略性新兴产业技术创新的转化效率及技术创新能力。

第二节　创新时滞研究方法确定

对创新时滞的研究往往把 R&D 投资与产出的绩效间关系作为研究对象，同时考虑时间的因素并进行建模分析。关于确定时滞期限的具体研究方法或建模方法，王立平（2005）在改进的知识生产函数中考虑了知识投入产出的固定时滞期进行研究；程进等（2004）运用无约束多项式分布滞后模型来实证分析我国技术引进到创新产出的时滞期；池仁勇和张济波（2007）、刘建翠（2007）运用相关分析法分别估算了浙江省区域科技创新投入对国内生产总值（gross domestic product，GDP）增长的滞后期、高技术产业 R&D 投入与其全要素生产率（total factor productivity，TFP）间的滞后期；王玉春和郭媛嫣（2008）运用回归分析法确定 R&D 投入与产出间的时滞。当然，诸如现式法、经验加权法、阿尔蒙法等都有应用，各方法有自己的优劣。相比较而言，相关系数法更简单且对自由度的要求不高。因此，本书借鉴池仁勇和张济波（2007）、杨娜娜（2013）等的研究成果，采用相关系数法来确定创新的滞后期限。

相关系数法是借鉴动态回归模型定阶的方法，来确定创新投入与创新产出的滞后期限，求出创新产出（当期，即 t 期）与创新投入滞后 k 期（$k = 0, 1, 2, 3, 4, \cdots, n$）的相关系数，达到相关系数最大所对应的期限，即创新投入产出的滞后期。

为什么可以只选择滞后某一期的创新投入来作为投入？因为当期的创新投入不仅仅只影响未来某一期的创新产出，而是对未来多期的创新产出产生影响。若将对当期创新产出有影响的相关创新投入总和称为当期有效创新投入，那么当期有效创新投入与影响当期创新最大的滞后期投入大致相同。因此，可用影响当期创新产出最大的滞后期投入替代与当期有效创新投入，来计算技术创新效率值。

第三节　浙江省战略性新兴产业统计分类、数据来源和指标确定

（一）浙江省战略性新兴产业统计分类界定

与战略性新兴产业相关的定量研究的首要任务就是对战略性新兴产业进行合理的统计分类。目前，针对战略性新兴产业的统一的、标准化的、全面的数据获取便利的统计分类资料还没有出现，且学术界对战略性新兴产业也没有明确的统计分类标准。鉴于下面的现实情况：

（1）目前国家层面正在制定的战略性新兴产业分类标准主要有三种：一是国家工业和信息化部发布的《战略性新兴产业分类目录》（以下简称国家工信部标准）；二是国家统计局制定的《战略性新兴产业分类》（以下简称国家统计局标准）；三是国家发展和改革委员会编制的《战略性新兴产业重点产品和服务指导目录》（以下简称国家发改委标准）。这三种标准中，国家工信部标准和国家发改委标准对战略性新兴产业的划分较为详细，具体到了产品层面，但数据获取也更为困难，采用这两种标准对战略性新兴产业进行测算目前还难以实现。国家统计局标准实现了将战略性新兴产业的小类与《国民经济行业分类》的小类相衔接，在数据的可获得性方面具有明显的优势，更适合现阶段的统计分析（吕岩威和孙慧，2013a）。

（2）我国战略性新兴产业的统计调查体系尚未建立，目前学者的统计分析数据的获取主要是两种渠道：一是从微观层面获取，从中国工业企业数据库或上市公司中选取属于各类战略性新兴产业的企业进行分析；二是从宏观层面获取，以高新技术产业（高技术产业）或《国民经济行业分类》中若干个相关行业作为替代研究对象，从《中国高技术产业统计年鉴》《中国科技统计年鉴》等获取相应数据进行分析。此外，战略性新兴产业覆盖广泛，无法精准地划归于某一特定行业，且散见于国民经济的某些部门，因此，相应研究所需的分析数据暂还无法从规范化的统一渠道中获取。

综上，本书借鉴周晶和何锦义（2011）、刘艳（2013）、黄海霞和张治河（2015a）等对战略性新兴产业细分门类的研究，以国家统计局标准为蓝本，综合分析《浙江省战略性新兴产业分类统计目录》（试行）（浙统〔2012〕84号）、《高技术产业统计分类目录》（2011年）、《浙江科技统计年鉴》中的行业分类、行业代码，整理出数据可得性好、行业归类一致性强的浙江省战略性新兴产业依托部门分类对应和编号表（表3.1），来近似替代浙江省战略性新兴产业，作为后续分析工作的研究对象。

表 3.1　浙江省战略性新兴产业依托部门分类对应和编号表

（与《浙江科技统计年鉴》相对应的依托部门）

浙江省战略性新兴产业	《浙江科技统计年鉴》中国民经济行业分类对应的依托部门
S1 节能环保产业	S1.1 废弃资源综合利用业
	S1.2 水的生产和供应业
S2 新能源产业	S2.1 石油加工、炼焦与核燃料加工业
	S2.2 电力热力生产和供应业
	S2.3 燃气生产和供应业
S3 新材料产业	S3.1 非金属矿物制品业
	S3.2 有色金属冶炼和压延加工业
	S3.3 橡胶和塑料制造业
S4 生物产业	S4.1 化学原料和化学制品制造业
	S4.2 医药制造业
S5 高端装备制造业	S5.1 通用、专用设备制造业
	S5.1.1 通用设备制造业
	S5.1.2 专用设备制造业
	S5.2 交通运输设备制造业（2012 年起，拆分为"铁路船舶航空航天和其他运输设备制造业"和"汽车制造业"统计）
	S5.3 电气机械和器材制造业
	S5.4 仪器仪表制造业
	S5.5 金属制品、机械和设备修理业（2012 年起单独统计）
S6 新一代信息技术与物联网产业	S6.1 计算机通信和其他电子设备制造业
S7 新能源汽车产业	S7.1 汽车制造业（2012 年起单独统计）
S8 核电关联产业	—
S9 海洋新兴产业	—

（二）数据来源和指标确定

　　系列《浙江科技统计年鉴》中，规模以上工业企业按国民经济行业大类分组的统计指标并不是多年连续一致，而是随着浙江经济社会的发展做适当调整的。这给本书研究带来了一定的影响。现结合表 3.1，将本书所做的一些调整说明如下。

　　（1）《2007 浙江科技统计年鉴》中，新产品产值等指标数据在涉及规模以上工业企业按国民经济大类分组统计时，只统计了"电力、燃气及水的生产和供应业"这一总的行业的数据，没办法有效区别开"水的生产和供应业""电力、热力生产和供应业""燃气的生产和供应业"三个行业分别的数据。因此，为了保持研究中浙江省战略性新兴产业及各依托产业部门在时间上的连续性和一致性，本书的研究数据起止时间就选定为 2007～2013 年。由此，主要的研究数据来源于《2008—2014 浙江科技统计年鉴》《2014 浙江统计年鉴》《2015 中国统计年鉴》。

（2）金属制品、机械和设备修理业从《2013 浙江科技统计年鉴》中开始出现，但因为涉及考虑创新时滞动态研究的需要，金属制品、机械和设备修理业因统计数据只有两年，本书研究暂不考虑。

（3）从《2013 浙江科技统计年鉴》起，"交通运输设备制造业"分裂成"汽车制造业"和"铁路、船舶、航空航天和其他运输设备制造业"两个行业统计。由于考虑创新时滞动态变化研究的需要，汽车制造业、新能源汽车产业因为统计数据的时间太短且又不能有效地剥离出其在 2011 年度（含）前的相关单独数据，本书研究也暂不单独考虑。当然为了保持交通运输设备制造业统计口径数据的一致性，2012 年度、2013 年度的汽车制造业相关数据和 2012 年度、2013 年度的"铁路、船舶、航空航天和其他运输设备制造业"相关数据一一对应合成 2012 年度、2013 年度的交通运输设备制造业相应数据。

（4）海洋新兴产业、核电关联产业由于无法在《浙江科技统计年鉴》中非常清晰地找到对应的依托部门，缺少数据，本书研究也不予考虑。

综上所述，本章在实证研究浙江省战略性新兴产业创新时滞时，受统计资料来源的限制，从节能环保产业、新能源产业、新材料产业、生物产业、高端装备制造业和新一代信息技术与物联网产业这六个战略性新兴产业及其相应的依托部门着手。

战略性新兴产业的创新时滞主要体现在研发投入的时滞上。因此，本书研究的创新时滞等同于研发时滞，选用 R&D 经费内部支出作为创新研发投入指标，"新产品销售收入"作为创新（研发）产出的直接指标。滞后期越长，损失的自由度越多，相关系数的平稳性就越差。由此，本书只计算滞后 6 期以内的相关系数，即 k 的取值为 0，1，2，…，6。16 个战略性新兴产业依托部门的实证数据主要来自于《2008—2014 浙江科技统计年鉴》中的规模以上工业企业数据。

第四节　浙江省战略性新兴产业的创新时滞实证估算

（一）创新时滞的估算

由于各个战略性新兴产业及其依托部门的技术领域不同，技术复杂程度及技术实现的整个过程都差异较大，需针对各个战略性新兴产业及其依托部门区别对待，分开计算。本节从战略性新兴产业依托部门、战略性新兴产业两个角度来计算了解浙江省战略性新兴产业的具体时滞期限情况。各依托部门的新产品销售收入与 R&D 经费内部支出数据直接来自于《浙江科技统计年鉴》。而节能环保产业、新能源产业、新材料产业、生物产业、高端装备制造业、新一代信息技术与物联网产业的新产品销售收入与 R&D 经费内部支出数据来自于各自对应的依托部门数据的加总。

应用相关系数法将战略性新兴产业的新产品销售收入与 R&D 经费内部支出滞后各期（0, 1, 2, …, 6）的相关系数进行比较，从计算出来的各个相关系数中找出最大的一个，即为创新（研发）投入的滞后期限。各产业及依托部门的新产品销售收入当期（t）与 R&D 经费支出各期滞后的相关系数及由此确定的创新投入产出滞后期见表 3.2。从表中可以看出，战略性新兴产业各依托部门、各战略性新兴产业之间的创新（研发）投入滞后期还是有一定差异的。

表 3.2　当期研发产出与各期滞后研发投入的相关系数及研发滞后期

浙江省战略性新兴产业	相关系数						滞后期/年
	当期 t	$t-1$	$t-2$	$t-3$	$t-4$	$t-5$	
S1 节能环保产业	**0.957****	0.654	0.699	0.531	0.378	0.281	0
S1.1 废弃资源综合利用业	**0.954****	0.647	0.669	0.536	0.380	0.280	0
S1.2 水的生产和供应业	**0.967****	0.765*	0.635	0.420	0.330	0.293	0
S2 新能源产业	0.726	0.824*	**0.928****	0.699	0.619	0.442	2
S2.1 石油加工、炼焦与核燃料加工业	**0.789***	0.664	0.726	0.350	0.487	0.393	0
S2.2 电力、热力生产和供应业	0.353	0.748	**0.914***	0.912*	0.632	0.380	2
S2.3 燃气生产和供应业	0.977**	0.599	0.402	0.257	—	—	0
S3 新材料产业	**0.897****	0.823*	0.724	0.647	0.445	0.429	0
S3.1 非金属矿物制品业	**0.806***	0.779*	0.798*	0.792*	0.612	0.534	0
S3.2 有色金属冶炼和压延加工业	**0.922****	0.761	0.579	0.505	0.252	0.352	0
S3.3 橡胶和塑料制造业	**0.882***	0.861*	0.774*	0.66	0.501	0.418	0
S4 生物产业	0.743	0.860*	**0.880****	0.810*	0.646	0.476	2
S4.1 化学原料和化学制品制造业	0.730	0.861*	**0.893****	0.813*	0.646	0.468	2
S4.2 医药制造业	0.809*	**0.839***	0.782*	0.777*	0.637	0.517	1
S5 高端装备制造业	0.545	0.534	0.795*	**0.937****	0.780*	0.575	3
S5.1 通用、专用设备制造业	0.722	0.769*	0.864*	**0.872***	0.700	0.586	3
S5.1.1 通用设备制造业	0.704	0.753	0.873*	**0.874***	0.710	0.522	3
S5.1.2 专用设备制造业	0.757*	0.801*	0.830*	**0.857***	0.665	0.394	3
S5.2 交通运输设备制造业	0.379	0.714	0.849*	**0.942****	0.789*	0.601	3
S5.3 电气机械和器材制造业	0.683	0.741	0.836*	**0.902****	0.737	0.537	3
S5.4 仪器仪表制造业	0.578	0.692	0.901**	**0.937****	0.698	0.444	3
S6 新一代信息技术与物联网产业	0.816*	0.856*	**0.870***	0.743	0.561	0.382	2
S6.1 计算机通信和其他电子设备制造业	0.816*	0.856*	**0.870***	0.743	0.561	0.382	2

*$p \leqslant 0.05$；**$p \leqslant 0.01$；—表示因涉及的研发投入和产出数据为零无法计算；表中加黑数据表示各期中最大的相关系数，该最大相关系数对应的数据就是估算的滞后期。

（二）创新时滞的具体分析

从浙江省战略性新兴产业依托部门角度看，新能源产业中的"电力、热力生产和供应业"滞后期为 2 年，"石油加工、炼焦与核燃料加工业""燃气生产和供应业"没有滞后期，滞后期均为 0；生物产业中的"化学原料和化学制品制造业"滞后期为 2 年，而"医药制造业"的滞后期为 1 年；新一代信息技术与物联网产业中的"计算机通信和其他电子设备制造业"具有滞后效应，滞后期为 2 年；高端装备制造业中的 5 大依托部门即通用设备制造业、专用设备制造业、铁路船舶航空航天和其他运输设备制造业、电气机械和器材制造业及仪器仪表制造业的滞后期均为 3 年，即当期 t 的创新产出与滞后 3 期（即 $t-3$ 期）的创新投入的相关系数最大且显著性强；而节能环保产业中的"废弃资源综合利用业""水的生产和供应业"，新材料产业中的"非金属矿物制品业""有色金属冶炼和压延加工业""橡胶与塑料制品业"均没有滞后效应，滞后期都为 0。

从浙江省战略性新兴产业角度看。节能环保产业的滞后期为 0，新能源产业的滞后期为 2 年，新材料产业的滞后期为 0，生物产业的滞后期为 2 年，高端装备制造业的滞后期为 3 年，新一代信息技术与物联网产业的滞后期为 2 年。

第五节　结论说明与启示

（1）由于本书使用的是年度数据，无论战略性新兴产业依托部门还是战略性新兴产业其滞后期为 0，并不表明这些产业部门完全没有滞后效应，而是在一定程度上说明这些产业部门的创新（研发）投入到新产品销售收入的实现过程大多可以在 1 年的时间内完成。

（2）相比较而言，节能环保产业及其依托部门"废弃资源综合利用业"和"水的生产和供应业"，新材料产业及其依托部门"非金属矿物制品业"、"有色金属冶炼和压延加工业"和"橡胶与塑料制品业"，新能源产业中的"石油加工、炼焦与核燃料加工业"和"燃气生产和供应业"的技术创新难度相对没那么大，其研究开发和技术成果转化的周期相对较短，所以这些产业部门表现为滞后效应不明显。而高端装备制造业及其依托部门"通用设备制造业、专用设备制造业"、"交通运输设备设备制造业"、"电气机械和器材制造业和仪器仪表制造业"，新能源产业的"电力、热力生产和供应业"、生物产业中的"化学原料和化学制品制造业"、物联网产业及其依托部门"计算机通信和其他电子设备制造业"的创新（研发)投入滞后效应较为明显，这是因为这些行业部门的技术创新难度一般较大，实现过程更为复杂多变，基础研发和技术成果转化的周期一般都较长，从创新（研发）投入到新产品销售收入的实现所需要的时间相对更长，滞后现象更突出。

（3）医药制造业的创新时滞为 1 年，与国外生物医药制造业的创新时滞通常为 5 年相比，差距较大，也一定程度上暴露了该行业原始创新能力的匮乏。这是因为浙江省的医药制造业主要在于技术含量和附加值都较低的化学原料药的研制和生产，而特色原料药、新药研发等自主创新较缺乏。

综上所述，表 3.2 中浙江省战略性新兴产业及其各依托产业部门的创新时滞结果较为符合浙江省经济社会发展中各行业的行业性质和发展状况，具有一定的解释能力，因此也具有一定的可信性，有利于分类指导浙江省战略性新兴产业技术创新发展及技术创新效率的客观研究。

第四章　基于产业波及效应视角的战略性新兴产业技术创新：浙江省数据

目前，国外学者对战略性新兴产业经过几十年的理论研究，达成的一个基本共识是：战略性新兴产业发展的关键要素是技术创新和政策扶持（程贵孙和芮明杰，2013）。对我国战略性新兴产业而言，其技术创新活动并不是新近才发展起来的，而是已经有了一定的技术知识积累。但在具体技术创新领域的发展现状上，各战略性新兴产业间存在较大的差异。创新是为了提高效率，但如果创新的过程本身缺乏效率，就弱化了创新的意义（梁平等，2009）。国内学者自 2010 年战略性新兴产业被确定为国家战略开始，涌现了不少研究成果。通过中国知网检索关键词"战略性新兴产业"，查阅到的文献可以了解到：针对战略性新兴产业的定性探讨成果要远多于定量研究成果。其中，集中在技术创新效率上的定量研究成果并不多见，且侧重在创新效率影响因素及影响关系的研究上，而涉及其技术创新效率的实际测评和比较分析较少。

产业波及作用机制是指在国民经济产业体系中，某产业部门的变化会按照不同的产业关联方式引起与其直接相关的产业部门的变化，然后导致与后者直接和间接相关的其他产业部门的变化并依次传递（崔峰和包娟，2010）。战略性新兴产业技术创新对经济增长和产业结构转型升级的长远带动作用，正是依靠这种强的产业波及效应来实现的。由此可见，影响战略性新兴产业技术创新效率的因素虽然很多，但其中不可或缺的就是各个行业经济间相互关联的这个产业波及因素（吕海萍和池仁勇，2016）。

浙江省作为生态大省、经济大省和科技强省，为在新一轮经济发展布局中抢占有利和有力的竞争先机，培育和发展浙江省的战略性新兴产业已是毋庸置疑的重大战略举措。近年来，浙江省战略性新兴产业正处于稳步持续增长的良性发展态势中。其产业增加值从 2012 年的 2520.8 亿元增加到 2014 年的 3075 亿元。但总体上浙江省战略性新兴产业增加值占地区生产总值的比重较低，与其他先进省、市相比，还存在明显差距（李涛，2015）。因此，对肩负着实现浙江省"创新引领升级"和经济动能转换重任的战略性新兴产业来说，在了解各战略性新兴产业相互关系及在区域经济中的地位基础上，更客观更实际地把握浙江省战略性新兴产业技术创新效率的变化趋势、规律及提升技术创新效率的有效着力点，显得尤为迫切和重要。基于上述考虑，本章研究拟着手解决：通过产业波及效应将浙江省战略性新兴产业分成高影响高感应、低影响高感应、低影响低感应、高影响低感应四个群组，并在用相关系数法测算出来的各战略性新兴产业技术创新具体时滞调整技术创新投入和产出指标基础上，运用 DEA 模型估算和比较分析这四个不同产业波及强度群组的技术创新效率现状及变化，并进一步挖掘制约浙江省战略性新兴产业技术创新效率提升的瓶颈，为浙江省政府部门制定与调整相关产业政策提供理论和现实参考依据。

第一节　文　献　综　述

国内研究中，与战略性新兴产业技术创新效率相关方面的定量研究主要有：肖兴志和谢理（2011）以 15 个高技术产业小类行业作为替代，探讨了企业规模和创新方式选择对于战略性新兴产业创新效率的影响路径；吴福象和王新新（2011）对要素集聚与战略性新兴产业创新绩效的相关性进行了实证分析；陆国庆（2011）利用我国中小板市场上市公司的数据对战略性新兴产业的创新绩效进行了实证研究；李红锦和李胜会（2013）用我国 10 家 LED 上市公司为研究样本，对 LED 战略性新兴产业创新效率进行了测算；吕岩威和孙慧（2013b）基于 2003～2010 年的面板数据，分析了中国战略性新兴产业技 18 个大类行业的技术效率及其影响因素；向永辉和曹旭华（2014）以新能源产业为例，利用微观企业层面的大样本数据，对战略性新兴产业创新绩效的影响因素进行综合纵观上面的研究；乔威威等（2014）通过对上海市战略性新兴产业的重点企业问卷调研获得数据，应用 DEA 方法研究得出了上海战略性新兴产业七大产业技术创新效率、技术创新成果化和成果产业化两阶段的创新效率以及年度产业技术创新效率；王森（2014）使用中国战略性新兴产业 2004～2012 年的有关数据，构建面板数据模型，对"三资"企业和国有及国有控股企业这两类不同所有制企业的研发效率进行定量分析；黄海霞和张治河（2015a）采用 DEA 方法从投入与产出角度对 2009～2011 年中国战略性新兴产业科技资源配置效率进行了定量分析；黄海霞和张治河（2015b）采用基于 DEA 模型的 Malmquist 指数分解方法，利用 2005～2012 年中国省际面板数据，测算了中国 28 个省级行政区域以及三大地区（东、中、西）战略性新兴产业技术创新的 Malmquist 指数，分析其 TFP 的动态变化、TFP 增长变化原因、省际和区域分异特征以及 TFP 增长动力来源的区域差异。

综合上述文献研究，不足在于：①对技术创新时滞的考虑往往根据经验研究，直接设定创新时滞为 1 年或 2 年，使得对不同行业或不同类型企业的创新效率的评价缺少客观性、科学性和可比性；②对行业技术创新效率进行评价的研究都将每个行业当作互不相干的单独个体来研究，没有从整个国民经济体系的角度来考虑每个行业在整个国民经济体系中的地位，也没有考虑到不同行业间存在的复杂的技术经济关系，即没有考虑不同行业间的产业关联性问题，这样的技术创新效率评价结果是缺乏现实基础的。因此，在已有文献成果中的主流经验基础上，融入不同战略性新兴产业的创新时滞、产业关联来分析研究战略性新兴产业技术创新效率，不失为一个新颖的有价值的视角。

第二节　技术创新效率评价指标体系和研究方法

（一）技术创新效率评价指标体系构建

技术创新效率（technological innovation efficiency，TIE）的概念最早由 Afriat 提出，是指研发创新活动的技术效率。这里的技术效率是指一个可行的投入产出向量称为是技术有效的，即在不增加投入或不减少产出的情况下，技术上不可能增加产出或减少投入（朱有为，2006）。结合此概念，战略性新兴产业技术创新效率主要指战略性新兴产业研发创新活动的技术效率，是一定时期内战略性新兴产业研发创新资源的投入和产出之比，反映了战略性新兴产业技术创新过程中各要素投入与产出的转化效率，是战略性新兴产业科技创新能力与动力的综合反映。借鉴国内外已有技术创新效率评价指标方面的主要研究成果，结合浙江省战略性新兴产业的特点，并考虑数据的可获得性，本章设置了表 4.1 所示的技术创新效率评价指标体系（吕海萍和池仁勇，2016）。技术创新投入由人力和经费投入构成，人力投入主要用研发人员表示，经费投入用研发经费支出、技术获取和改造经费支出表示；技术创新产出由直接效应和间接效应产出组成，分别用新产品销售收入和专利申请数来衡量。

表 4.1　浙江省战略性新兴产业技术创新效率评价指标体系

一级	二级	三级
技术创新投入	人力投入	研发人员全时当量/人年
	经费投入	研发经费内部支出/万元
		技术获取和改造经费支出（引进国外技术经费支出＋引进技术的消化吸收经费支出＋购买国内技术经费支出＋技术改造经费支出）/万元
技术创新产出	直接效益产出	新产品销售收入/万元
	间接效应产出	专利申请数/件

（二）研究方法选择

1. 技术创新效率评价方法

综观已有研究，技术创新效率评价方法主要有生产前沿面和非生产前沿面两种。在国内研究中，应用最广泛的是生产前沿面法。而生产前沿面法中，Charnes 等提出的 DEA 方法，因拥有无须估计生产函数的具体形式且能有效解决多投入和多产出指标的复杂问题，得到了更为广泛应用。经典 DEA 方法可分为由 Charnes、Cooper 和 Rhodes 提出的 CCR 模型和由 Banker、Charnes 和 Cooper 提出的 BCC 模型，后者主要处理规模报酬变动假设下的决策单元效率相对有效性评价问题。战略性新兴产业技术创新活动是一项具有多投入和多产出的复杂活动，很难确定其生产函数关系，再加上其明显的知识经济特殊性质带来的战略性新兴产业创新边际收益的不确定性，因此，更适合采用 DEA（BCC）模型。

假设有 n 个待评价的决策单元（decision making units，DMU），都有 m 种投入要素和 s 种产出，用 X_i 表示投入向量，Y_i 表示产出向量。假设对于某个选定的 DMU_0（其投入和产出向量分别为 X_0 和 Y_0），判断 BCC 模型有效性需要满足的条件为

$$\begin{cases} \min\theta \\ \sum_{i}^{n} x_i\lambda_i + S^- = \theta X_0 \\ \sum_{i}^{n} Y_i\lambda_i - S^+ = Y_0 \\ \sum \lambda_i = 1 \\ \lambda \geqslant 0, \quad i = 1,2,3,\cdots,n \\ \theta无约束, \quad S^- \geqslant 0; S^+ \geqslant 0 \end{cases}$$

其中，θ 为 DMU_0 的综合技术创新效率评价指数，即投入产出的综合有效程度，还可进一步分解为纯技术效率和规模效率；λ_i 为相对于 DMU_0 重新构造一个有效决策单元组合中第 i 个决策单元的组合比例；S^-、S^+ 分别为产出不足量和投入冗余量。当 $\theta = 1$ 且 $S^- = S^+ = 0$ 时，DMU_0 为 DEA 有效；当 $\theta = 1$ 且 $S^- \neq 0$，或 $S^+ \neq 0$ 时，DMU_0 为弱 DEA 有效；当 $\theta < 1$ 时，DMU_0 为非 DEA 有效。

2. 产业波及效应估算方法

产业波及效应反映了某一产业变化导致国民经济其他产业波及连锁变化的内在影响机制，主要从影响力系数和感应度系数两方面来分析。现今，产业波及效应的基本分析工具是由里昂惕夫提出的投入产出模型、投入产出表及其在投入产出表基础上衍生出的完全分配系数表和完全消耗系数表。

影响力系数反映了一个产业部门对国民经济其他产业部门产生的平均生产需求波及程度。当某一产业的影响力系数大于或小于 1 时，表明该产业对其他产业产生的波及效应影响程度高于或低于社会平均影响力水平。某一产业的影响力系数越大，说明该产业对其他产业的拉动作用就越大。影响力系数通常用 F_j 表示（刘起运，2002；郭磊，2013），具体计算公式为

$$F_j = \frac{\sum\limits_{i=1}^{n} b_{ij}}{\frac{1}{n}\sum\limits_{j=1}^{n}\sum\limits_{i=1}^{n} b_{ij}} \tag{4-1}$$

其中，b_{ij} 为第 j 产业部门对第 i 产业部门的完全消耗系数。

感应度系数反映了国民经济体系中所有产业部门对某一具体产业部门所提供的产品或服务的依赖程度。当某一产业的感应度系数大于或小于 1 时，表示该产业的感应程度高于或低于社会平均感应度水平。某产业的感应度系数越大，容易受其他产业部门影响的程度越大，也就表示该产业对该国或地区经济发展的推动作用越大。感应度系数通常用 E_i 来表示（周晶和何锦义，2011；刘艳，2013），具体计算公式为

$$E_i = \frac{\sum\limits_{j=1}^{n} d_{ij}}{\frac{1}{n}\sum\limits_{i=1}^{n}\sum\limits_{j=1}^{n} d_{ij}} \tag{4-2}$$

其中，d_{ij} 为第 i 产业部门对第 j 产业部门的完全分配系数。

第三节 战略性新兴产业统计分类界定、数据来源与说明

（一）浙江省战略性新兴产业统计分类界定

战略性新兴产业定量研究必须要解决的一个问题就是统计分类的合理界定及相应的数据获取。战略性新兴产业覆盖广泛，无法精准地划归于某一特定行业，且散见于国民经济的某些部门（李金华，2011），目前针对战略性新兴产业明确的统计分类标准及相应的统一、便利的数据获取渠道还没有出现，而本书既涉及战略性新兴产业波及效应研究，又涉及其技术创新活动研究。产业波及效应研究数据取自政府部门编制的投入产出表，技术创新活动研究所需数据从宏观角度获取一般来自政府部门编制的科技统计年鉴，但问题的关键是如何把投入产出表和科技统计年鉴中的分类标准衔接起来。为此，本书继续沿用第三章对战略性新兴产业分类界定的思路，借鉴周晶和何锦义（2011）、刘艳（2013）等对战略性新兴产

业细分门类的研究，结合战略性新兴产业波及效应和技术创新效率统一研究的需
要，综合分析《浙江省战略性新兴产业分类统计目录》（试行）（浙统〔2012〕84
号）、《浙江省投入产出表》（42 部门）、《浙江科技统计年鉴》中的行业分类、行
业代码，整理出数据可得性较好、行业归类一致性较强的浙江省战略性新兴产业
依托部门分类对应和编号表（见表 4.2），来近似替代浙江省战略性新兴产业。

表 4.2 浙江省战略性新兴产业分类对应和编号表

浙江省战略性新兴产业	《浙江省投入产出表》（42 部门）对应的依托部门	《浙江科技统计年鉴》对应的依托部门
S1 节能环保产业	S1.1 废品废料	S1.1 废弃资源综合利用业
	S1.2 水的生产和供应业	S1.2 水的生产和供应业
S2 新能源产业	S2.1 石油加工、炼焦和核燃料加工业	S2.1 石油加工、炼焦与核燃料加工业
	S2.2 电力、热力的生产和供应业	S2.2 电力、热力生产和供应业
	S2.3 燃气生产和供应业	S2.3 燃气生产和供应业
S3 新材料产业	S3.1 非金属矿物制造业	S3.1 非金属矿物制品业
	S3.2 金属冶炼及压延加工业	S3.2 有色金属冶炼和压延加工业
	—	S3.3 橡胶和塑料制造业
S4 生物产业	S4.T 化学工业	S4.1 化学原料和化学制品制造业
		S4.2 医药制造业
S5 高端装备制造业	S5.1 通用、专用设备制造业	S5.1.1 通用设备制造业
		S5.1.2 专用设备制造业
	S5.2 交通运输设备制造业	S5.2 交通运输设备制造业[①]
	S5.3 电气机械及器材制造业	S5.3 电气机械及器材制造业
	S5.4 仪器仪表及文化办公用机械制造业	S5.4 仪器仪表制造业
S6 新一代信息技术与物联网产业	S6.1 通信设备、计算机及其他电子设备制造业	S6.1 计算机通信和其他电子设备制造业
	S6.2 信息传输、计算机服务和软件业	—
S7 新能源汽车产业	—	—
S8 核电关联产业	—	—
S9 海洋新兴产业	—	—

注：①从《2013 浙江科技统计年鉴》起，"交通运输设备制造业"分裂成"汽车制造业"和"铁路、船舶、
航空航天和其他运输设备制造业"两个行业统计。为了保持交通运输设备制造业统计口径历年的一致性，
2012～2013 年度的交通运输设备制造业仍然涵盖"汽车制造业"和"铁路、船舶、航空航天和其他运输设
备制造业"。

从表 4.2 中可以发现，浙江省战略性新兴产业、《浙江省投入产出表》的 42 部门与《浙江科技统计年鉴》中的国民经济行业分类并不能完全地对应上。调整说明如下。

（1）新能源汽车产业、海洋新兴产业、核电关联产业由于不能在《浙江省投入产出表》（42 部门）、《浙江科技统计年鉴》中找到对应的依托部门，因而缺少数据，在本书中不予考虑。

（2）《浙江省投入产出表》（42 部门）中的"化学工业"可以近似地细分为《浙江科技统计年鉴》中分类的"橡胶和塑料制造业"、"化学原料和化学制品制造业"和"医药制造业"。

（3）《浙江科技统计年鉴》中的"有色金属冶炼和压延加工业"、"废弃资源综合利用业"和"仪器仪表制造业"分别近似等同《浙江省投入产出表》（42 部门）中的"金属冶炼和压延加工业"、"废品废料"和"仪器仪表及文化办公用机械制造业"。因此，本书后续针对浙江省战略性新兴产业的研究主要就是基于表 4.2 中 S1.1～S6.1。

（二）数据来源与说明

根据国务院办公厅颁布的《国务院办公厅关于进行全国投入产出调查的通知》，全国以及各省每隔 5 年（逢 2、逢 7 年份）编制投入产出表，因此，浙江省战略性新兴产业波及效应研究所涉及的基础数据来自于 2010 年《浙江省投入产出表》（42 部门）。

而关于浙江省战略性新兴产业技术创新活动相关的数据都源于《浙江科技统计年鉴》中规模以上工业企业数据。系列《浙江科技统计年鉴》中按国民经济行业大类分组的统计指标口径并不是多年连续一致的，给本书研究带来了一定的影响。现将这些影响结合表 4.2 所做的一些调整说明如下：①《2007 浙江科技统计年鉴》中，新产品产值、专利申请数等指标数据只统计了"电力、燃气及水的生产和供应业"这一总的行业的数据，没办法有效区别开"水的生产和供应业"和"电力、热力生产和供应业"和"燃气的生产和供应业"三个行业分别的数据。因此，为了保持研究分析在时间上的连续性和一致性，本书的研究数据起止时间就选定为 2007～2013 年，由此，主要的研究数据来源于《2008—2014 浙江科技统计年鉴》；②由于年鉴中的数据是采用当年价格进行度量的，各指标在不同年份间的数据不具有可比性，为了提高各期数据的可比性，本书以 2005 年为基期,用工业品出厂价格指数对新产品销售收入进行价格平减，用固定资产投资价格指数对 R&D 经费内部支出、技术获取和改造经费支出进行价格平减。

第四节 实证研究

（一）基于产业波及效应的浙江省战略性新兴产业分组

此部分主要按不同波及强度将浙江省战略性新兴产业分成不同群组，为后面技术创新效率研究提供分析框架。运用《浙江省投入产出表（2010年）》（42部门）数据和里昂惕夫逆矩阵，结合式（4-1）、式（4-2）计算整理得到表4.3。表4.3呈现了浙江省各战略性新兴产业具体的影响力系数和感应度系数值。

表 4.3 浙江省战略性新兴产业产业波及效应指标值

浙江省战略性新兴产业	影响力系数值	感应度系数值	浙江省战略性新兴产业	影响力系数值	感应度系数值
S1.1	1.7790	2.2681	S4.T	1.3179	1.4241
S1.2	0.8382	1.1373	S5.1	1.4737	0.3162
S2.1	0.4883	1.0778	S5.2	1.5397	0.3307
S2.2	1.0782	1.8597	S5.3	1.6199	0.6151
S2.3	0.7298	1.4107	S5.4	1.4127	0.4581
S3.1	1.1884	1.0483	S6.1	1.5359	1.1161
S3.2	1.8574	1.4166	S6.2	0.8658	0.7949

从表4.3中可以看出，浙江省各战略性新兴产业的影响力系数和感应度系数是有所不同的。综合分析感应度系数和影响力系数并以影响力系数和感应度系数的社会平均值1为限，可将浙江省战略性新兴产业分类成四个群组（具体见表4.4）。第一组简称高影响高感应组，即感应度和影响力系数都大于1的产业部门，是战略性新兴产业发展中最为敏感的部门，主要包含：化学工业（S4.T），非金属矿物制造业（S3.1），金属冶炼及压延加工业（S3.2），通信设备、计算机及其他电子设备制造业（S6.1），废品废料（S1.1），电力、热力的生产和供应业（S2.2）；第二组简称低影响高感应组，即感应度系数大于1而影响力系数小于1的产业部门，具备较典型的战略性新兴产业体系中的基础产业部门特性，主要包含：石油加工、炼焦和核燃料加工业（S2.1），燃气生产和供应业（S2.3），水的生产和供应业（S1.2）；第三组简称高影响低感应组，即感应度系数小于1而影响力系数大于1的产业部门，属于影响力波及型战略性新兴产业群，主要包含：仪器仪表及文化办公用机械制造业（S5.4），通用、专用设备制造业（S5.1），交通运输设备制造业（S5.2）和电气机械及器材制造业（S5.3）；第四组简称低影响低感应组，即感应度系数和影响力系数都小于1的产业部门，典型的属于

迟钝性波及型战略性新兴产业群，主要包含：信息传输、计算机服务和软件业（S6.2）。

表 4.4　基于产业波及效应的浙江省战略性新兴产业分组

战略性新兴产业群组	波及效应的基本特征	具体的战略性新兴产业部门
高影响高感应组	影响力系数大于1 感应度系数大于1	S4.T（包含 S3.3、S4.1 和 S4.2）、S3.1、S3.2、S6.1、S1.1、S2.2
低影响高感应组	影响力系数小于1 感应度系数大于1	S2.1、S2.3、S1.2
高影响低感应组	影响力系数大于1 感应度系数小于1	S5.4、S5.1、S5.2、S5.3
低影响低感应组	影响力系数小于1 感应度系数小于1	S6.2

（二）技术创新时滞估算

已有研究证实：技术创新活动存在时滞性。由于各个战略性新兴产业的技术领域、技术复杂程度及技术实现的整个过程都存在较大的差异，其技术创新具体时滞期限也存在较大的不同，需针对各个战略性新兴产业区别对待，才能更客观地比较研究浙江省战略性新兴产业的技术创新效率并对其进行有效的分类指导、扶持发展。本章直接运用第三章的研究成果，即应用相关系数法估算浙江省战略性新兴产业技术创新时滞，如表 4.5 所示。

表 4.5　浙江省战略性新兴产业技术创新滞后期

浙江省战略性新兴产业	滞后期/年	浙江省战略性新兴产业	滞后期/年
S1.1	0	S4.1	2
S1.2	0	S4.2	1
S2.1	0	S5.1	3
S2.2	2	S5.1.1	3
S2.3	0	S5.1.2	3
S3.1	0	S5.2	3
S3.2	0	S5.3	3
S3.3	0	S5.4	3
		S6.1	2

由表 4.5 可知，浙江省战略性新兴产业的技术创新时滞为 0～3 年。其中，高

端装备制造业中的 5 大依托部门，即通用设备制造业（S5.1.1）、专用设备制造业（S5.1.2）、交通运输设备制造业（S5.2）、电气机械及器材制造业（S5.3）以及仪器仪表及文化办公用机械制造业（S5.4）的滞后期均为 3 年；电力、热力的生产和供应业（S2.2），化学原料和化学制品制造业（S4.1），通信设备、计算机及其他电子设备制造业（S6.1）滞后期均为 2 年；医药制造业（S4.2）的滞后期为 1 年。而其他战略性新兴产业的滞后期都为 0。滞后期为 0 并不表明这些产业部门完全没有滞后效应，而是在一定程度上说明这些产业部门的技术创新投入到新产品销售收入实现这个过程大多可以在 1 年的时间内完成。总体来看，表 4.5 的滞后结果较符合浙江省经济社会发展中各战略性新兴产业的行业性质和发展状况，具有一定的解释能力和可信性。那么，在下面的技术创新效率评价研究应用中得出的结果也是具有一定的解释能力和说服力的。

（三）技术创新效率估算分析

本章期望克服"已有对产业技术创新效率评价时都将每个产业作为互不相干的单独个体来研究"的局限性，从考虑战略性新兴产业在整个国民经济体系中存在的复杂的产业波及效应着手，同时融入技术创新时滞，分析浙江省战略性新兴产业不同波及作用组的技术创新效率呈现的特点及变化，进一步挖掘提高浙江省战略性新兴产业技术创新效率的有效着力点。

1. 技术创新效率估算

本章的产业波及效应系数均根据《浙江省投入产出表（2010 年）》（42 部门）中提供的数据合并和计算所得，因此进行分组比较时原则上应只以 2010 年浙江省战略性新兴产业技术创新效率为研究对象。考虑到投入产出表的数据更新周期较长，且大部分战略性新兴产业的投入和产出情况不会发生大幅度的增减，更多的是渐进性变化，因此以 2010 年数据的分组标准延伸用至 2011～2013 年，也是具有一定说服力的。

考虑到浙江省各战略性新兴产业的技术创新时滞为 0～3 年，技术创新投入指标所需数据时长取自 2007～2013 年，技术创新产出指标所需数据时长为 2010～2013 年。另外，由于在《浙江科技统计年鉴》中没有对应的"信息传输、计算机服务和软件业"数据，在技术创新效率分组评价中，低影响低感应组暂不考虑；且燃气生产和供应业在 4 个年度中，两项投入指标"新产品销售收入"和"专利申请数"每年都为 0，不适合作为决策单位开展 DEA 有效性评价。综上，在将浙江省各战略性新兴产业技术创新投入和产出数据按照技术创新时滞调整后，按产业波及效应分组分别代入 DEAP2.1 软件中的 BCC 模型，基于投入导向角度，采用多阶段算法，分别得到各组的浙江省战略性新兴产业的技术创新效率、纯技术效率、规模效率水平。表 4.6 为浙江省战略性新兴产业各组的 2010～2013 年技术创新效率、纯技术效率和规模效率的分组评价结果。

表 4.6　浙江省战略性新兴产业技术创新效率分组比较表

组别	战略性新兴产业	技术创新效率					纯技术效率					规模效率				
		2010年	2011年	2012年	2013年	均值	2010年	2011年	2012年	2013年	均值	2010年	2011年	2012年	2013年	均值
高影响高感应组	S1.1	0.48	0.46	0.78	1.00	0.68	1.00	0.78	1.00	1.00	0.95	0.48	0.59	0.78	1.00	0.71
	S2.2	0.21	0.98	0.73	1.00	0.73	0.26	1.00	0.74	1.00	0.75	0.80	0.98	0.99	1.00	0.94
	S3.1	0.74	0.55	0.99	1.00	0.82	0.76	0.58	1.00	1.00	0.83	0.98	0.95	1.00	1.00	0.98
	S3.2	0.50	0.82	0.59	0.66	0.64	0.72	1.00	0.93	1.00	0.91	0.69	0.82	0.63	0.66	0.70
	S3.3	0.88	0.54	0.70	1.00	0.78	0.98	0.78	0.88	1.00	0.91	0.90	0.70	0.81	1.00	0.85
	S4.1	0.58	0.57	0.59	0.57	0.58	0.95	0.96	1.00	1.00	0.98	0.61	0.60	0.59	0.57	0.59
	S4.2	0.25	0.22	0.29	0.28	0.26	0.35	0.32	0.39	0.43	0.37	0.70	0.70	0.75	0.65	0.70
	S6.1	0.70	0.74	0.85	1.00	0.82	0.70	0.75	0.85	1.00	0.83	1.00	0.99	1.00	1.00	1.00
	平均值	0.54	0.61	0.69	0.81	0.66	0.71	0.77	0.85	0.93	0.82	0.77	0.79	0.82	0.86	0.81
低影响高感应组	S1.2	1.00	0.32	1.00	1.00	0.83	1.00	1.00	1.00	1.00	1.00	1.00	0.32	1.00	1.00	0.83
	S2.1	1.00	0.69	1.00	1.00	0.92	1.00	0.70	1.00	1.00	0.92	1.00	0.99	1.00	1.00	1.00
	平均值	1.00	0.50	1.00	1.00	0.88	1.00	0.85	1.00	1.00	0.96	1.00	0.65	1.00	1.00	0.91
高影响低感应组	S5.1.1	0.67	0.72	0.61	0.75	0.69	0.73	0.72	0.67	0.93	0.76	0.91	0.99	0.92	0.80	0.91
	S5.1.2	1.00	0.94	0.93	0.93	0.95	1.00	1.00	0.93	0.93	0.97	1.00	0.94	0.98	1.00	0.98
	S5.2	0.99	0.96	0.82	0.67	0.86	1.00	1.00	0.84	0.67	0.88	0.99	0.96	0.98	1.00	0.98
	S5.3	1.00	1.00	0.82	0.76	0.89	1.00	1.00	1.00	1.00	1.00	1.00	1.00	0.82	0.76	0.89
	S5.4	0.84	0.89	1.00	0.87	0.90	1.00	1.00	1.00	0.87	0.97	0.84	0.89	1.00	1.00	0.93
	平均值	0.90	0.90	0.84	0.79	0.86	0.95	0.94	0.89	0.88	0.92	0.95	0.96	0.94	0.91	0.94

2. 具体分析

（1）高影响高感应组。考察浙江省战略新兴产业高影响高感应组的技术创新效率均值可以发现，该组技术创新效率呈现历年上升的良性发展态势，整体均值为 0.66，处于中等水平，表明这组战略性新兴产业的技术创新资源配置并不是很有效，一定的技术创新投入并没有带来高效的技术创新产出，影响了这组产业自身产业竞争力的提升及对浙江省其他国民经济产业部门强推和强拉作用的发挥。通过技术创新效率值的分解可知，纯技术效率（均值 0.82）、规模效率（均值 0.81）对这组产业部门技术创新效率的作用相差无几，但总的来说，主要是规模效率部分的相对低效导致了技术创新效率的不佳。因此，在提升这组产业纯技术效率，即提高其技术创新、制度安排和科学管理等方面的效率同时，应增强这组产业的规模效率。从分行业的角度分析，最主要是医药制造业（S4.2）严重拉低了高影响高感应组的技术创新效率。医药制造业的纯技术效率均值（0.37）处于这组产业的末位，规模效率均值（0.7）也不高，处于这组产业的倒数第二位，这直接导致了医药制造业的技术创新效率均值（0.26）处于低下水平，远低于这组产业的技术创新效率均值。这组产业中还需关注的是化学原料和化学制品制造业（S4.1），相对来说，其远比纯技术效率均值（0.98）低效的规模效率均值（0.59）直接导致了其低的技术创新效率均值，因此规模效率的缺失是化学原料和化学制品制造业亟待解决的核心问题。

（2）低影响高感应组。该组战略性新兴产业2010～2013年的技术创新效率均值为0.88，处于中上水平，纯技术效率均值高于规模效率均值，表明纯技术效率部分对技术创新效率的作用更大。纵观这组产业的纵向技术创新效率发展，最近两年都处于技术有效和规模有效状态，应继续保持这种发展态势。

（3）高影响低感应度组。该组产业的技术创新效率均值为0.86，处于中上水平，纯技术效率、规模效率均值都处于高水平状态，但纯技术效率均值（0.92）低于规模效率均值（0.94），表明该组战略性新兴产业整体技术创新效率不高的主要原因是纯技术效率部分的低效，因此相对而言在技术创新、制度安排和科学管理等方面的效率缺失是这组产业亟待解决的核心问题。值得注意的是，该组技术创新效率、纯技术效率和规模效率在2010～2013年总体呈现出下降的迹象。从分行业的角度分析，正是通用设备制造业（S5.1.1）技术创新效率的偏低（低于该组平均值）对这组产业整体技术创新效率的稳定及提升形成了制约作用。

（4）组间比较。结合表4.6绘制图4.1，可以发现，高影响高感应组产业的三个效率（技术创新效率、纯技术效率和规模效率）均值都处于最低水平；高影响力系数的两组产业的技术创新效率要明显低于低影响力系数组的产业；经过效率分解可以发现，三组产业的纯技术效率、规模效率相差不大，对各自产业的技术创新效率贡献作用也相差不大，但整体上说，高感应力系数的两组产业的技术创新效率差异主要来自规模效率的差异，低感应力系数组产业技术创新效率偏低主要是因为纯技术效率偏低。根据组间对比分析可以推断，高影响高感应组从产业波及效应角度虽已在浙江经济体系中显现出"战略性"地位，但其不佳的技术创新效率与其经济地位明显不匹配，对浙江省战略性新兴产业整体技术创新效率的提升形成了较大的制约作用。因此，提高浙江省战略性新兴产业整体技术创新效率的有效着力点在于高影响高感应组产业技术创新效率的改善，特别是该组中医药制造业技术创新效率的大力提升。

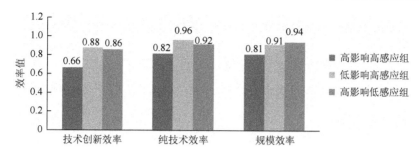

图 4.1 浙江省战略性新兴产业技术创新效率组间比较图

第五节 结论与政策启示

考虑不同战略性新兴产业间存在的复杂的产业波及效应对技术创新效率的影响，以及技术创新时滞存在的客观性，本章首先运用投入产出模型计算出来的各产业波及效应，把浙江省战略性新兴产业分成高影响高感应、低影响高感应、高影响低感应、低影响低感应四个组别；然后基于相关系数法估算出来的浙江省各战略性新兴产业的具体技术创新时滞，调整技术创新投入和产出指标数据，运用DEA（BCC）模型测算和比较分析了浙江省战略性新兴产业四个不同波及效应组的技术创新效率现状及变化，并进一步挖掘制约浙江省战略性新兴产业技术创新效率提升的瓶颈。上述研究发现：按产业波及效应分类的浙江省战略性新兴产业群呈现出了不同的技术创新效率特征。高影响高感应组技术创新效率呈现历年上升的良性发展态势，低影响高感应组近两年都处于 DEA 有效状态，高影响低感应组呈现出下降的迹象。总体上，低影响高感应组、高影响低感应组的技术创新效率整体上处于中上水平，而高影响高感应组的技术创新效率只处于中等水平，且高影响高感应组的三个效率（技术创新效率、纯技术效率和规模效率）均值均处于组间比较的最低水平，说明高影响高感应组产业已在浙江省经济社会发展中显现出的"战略性"和"主导性"经济地位与其技术创新效率的相对低效并不匹配，对浙江省战略性新兴产业整体技术创新效率的提升形成了较大的制约作用。

由此可知，从技术创新及其效率的角度分析，战略性新兴产业要在浙江省整个产业体系转型升级中发挥绝对的主导、引领作用，还存在着较大的差距。为此相应的政策启示如下。

（1）以技术创新为核心，切实提高战略性新兴产业技术创新效率，大力推行创新驱动浙江省战略性新兴产业的发展。通过对各组技术创新效率的分析可知，目前规模效率和纯技术创新效率的提高都可以提升技术创新效率。但产业规模扩展达到一定的临界点后，规模的扩大会使技术创新效率值不升反降，因此推动技术创新并提高纯技术效率仍然是浙江省战略性新兴产业整体发展的关键。

（2）加大力度重点支持高影响高感应组战略性新兴产业的技术创新活动。必须认识到这一事实：高影响高感应组战略性新兴产业是对浙江省经济增长速度最敏感的产业，该组产业技术创新效率的大力提高，通过其强的产业波及作用机制，能以乘数级效应极大地拓展其对浙江省社会经济其他产业强推、强拉作用的广度和深度。

（3）必须从根本上解决医药制造业在浙江省战略性新兴产业体系中技术创新效率最低的瓶颈问题。浙江省医药制造业近些年技术创新力度虽一直在加大，但仍突显了其创新投入产出效率低下及自身原始创新能力的匮乏。因此增强医药制造业的自主创新能力，加大其技术装备水平和研发投入力度，积极引导浙江省医药制造业向新药研发等产业链高端转型刻不容缓。

（4）依据产业创新生态链，综合推进供给侧、需求侧创新政策的协同运用，为战略性新兴产业技术创新提供强有力的要素支撑、市场支撑和政策支撑。目前浙江省的创新政策工具虽比较完备且取得了一定的成就，但仍需要提升对产业创新绩效的洞察力和创新政策的前期评估能力，有效发挥各种创新政策工具在整个产业创新生态链上的"组合拳"放大效应。

第五章 R&D 两面性、技术引进与浙江省高技术产业全要素生产率增长

　　我国战略性新兴产业不仅囊括了高技术产业这样的前沿和高端产业部门，也涵盖了对国民经济发展战略地位突出、关联带动作用强的基础产业部门，是集高创新性、高研发性、高成长性、高产业关联性特征为一体的支柱型产业，因而与高技术产业有类似特征，不少学者研究战略性新兴产业时因获取数据问题也是直接近似地以高技术产业相关数据来替代。因此，本章从高技术产业数据角度对其进行研究。

　　高技术产业是创新驱动型经济模型转变的动力先导型产业，其规模日益增大的 R&D 创新对全要素生产率（TFP）和经济增长的作用日益明显。自主 R&D 具有两面性，企业投入 R&D 不仅可以产生新的知识和信息，而且可以增强企业吸收现有知识和信息的能力，促进知识和技术的外溢（Cohen and Levinthal，1989）。也就是说，R&D 的创新能力有利于直接促进 TFP 增长，R&D 的吸收能力能间接实现 TFP 的增长。基于 R&D 的两面性，企业自身 R&D 投资既有可能有助于吸收引进的先进技术，也有可能与技术引进间是一种替代关系。1998～2012 年，浙江省高技术产业的 R&D 经费内部支出和技术引进费用总体呈现增长趋势（见图 5.1，数据来源于《中国高技术产业统计年鉴》）。自 2004 年起，R&D 经费内部支出额一直处于高于技术引进费用支出额的状态，且两者的投入规模差距在日渐拉大。近十多年来，高技术产业对浙江省经济增长确实发挥了一定

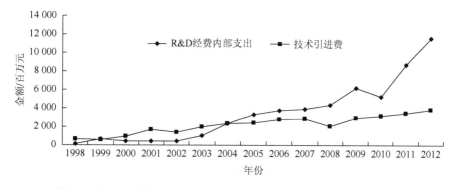

图 5.1　浙江省高技术产业 R&D 经费内部支出与技术引进费用情况

的作用，但整体贡献度上仍然较低（黄勇等，2013；智瑞芝和朱昭丞，2013）。2011 年浙江省高技术企业中有 74.4%是小型企业，高于江苏省的 65.7%、广东省的 54.1%，也高于全国 67.3%的平均水平（黄勇等，2013）。因此，在以中小型高技术企业为主的浙江省高技术产业中，TFP 如何，R&D 投资、技术引进的质量如何，R&D 的两面性与技术引进对 TFP 的影响如何等问题的研究和分析，对现今转型升级中处于经济增长速度明显回落、缓慢且拟全力实施创新驱动发展战略的浙江省经济来说具有十分重要的现实和理论意义（吕海萍和池仁勇，2015）。

第一节　相关文献述评

TFP 是分析经济增长源泉的重要工具，国内外有许多关于这一问题的相关研究。中国对 TFP 的研究兴盛于 20 世纪 90 年代。许多专家和学者对 1952 年以来或改革开放以来我国的总量和部门 TFP 或单个地区的 TFP 进行测算，对各省区市的 TFP 发展状况进行横向比较等，并分析制度、技术进步、资源配置等因素对 TFP 变动的影响（刘建翠，2007）。而关于高技术产业 TFP 的研究主要有：刘志迎和叶蓁（2006）、刘建翠（2009）、王大鹏和朱迎春（2011）研究了我国高技术产业各细分行业的 TFP 变动情况；贺骁和宁军明（2009）对广东省高新技术产业的 TFP 进行了估算和分析；吴赐联（2011）分析了福建省高技术产业 TFP 变动；王华伟等（2012）分析了北京市高技术产业的 TFP 及对经济增长的贡献；曾国平等（2012）、李洪伟等（2013）、姜彤彤（2013）比较分析了我国各省区市高技术产业的 TFP。可见，以浙江省高技术产业 TFP 为研究对象的文献甚少。

R&D 活动作为技术创新源泉对经济发展的推动作用从 20 世纪 90 年代起逐渐受到了学者的关注。国内外很多研究都证实了 R&D 能正向促进生产率增长。至于技术引进与经济增长关系的研究，大多数文献都集中在外商直接投资技术溢出效应对经济增长的影响上，较少有研究涉及技术引进与生产率或经济增长之间的关系（吴延兵，2008）。基于 R&D 的两面性，有部分学者非常关注 R&D 与技术引进的关系研究（Centano，1987；Katrak，1997；Chang and Stohane，2006；Jaymin，1996；李磊，2007；孙建等，2009）。近年来，对中国 R&D、技术引进与生产率之间关系研究也出现了不少文献：朱平芳和李磊（2006）、李小平（2007）、吴建新和刘德学（2010）等研究发现 R&D 和技术引进对生产率有显著贡献。但是，一些学者也得出了不同结论，张海洋（2005）研究发现自主研发对生产率和技术效率有不显著作用或负向作用,高科技行业 R&D 吸收能力较低，一般行业的 R&D 吸收能力比高科技行业强；李小平和朱钟棣（2006）研究发现国内本行业 R&D 对工业行业的技术效率及 TFP 有阻碍作用；吴延兵（2008）核算分析发现我国自主研发和国外技术引进对生产率有显著正影响，但国内技术引进对生产率没有显著影响；我国自主研发的吸收能力较低，阻碍了对引进技术的学习和消化，进而影响了生产率增长；朱承亮（2014）研究提出，R&D 的创新能力和技术引进对中国汽车产业的 TFP 增长有显著促进作用，但 R&D 的吸收能力对汽车产业生产率增长具有显著负的影响。当然，上述学者对当前中国关于 R&D、技术引进与生产率的研究主要集中在国内整个工业行业层面或某类工业制造业层面或某地区工业行业层面，而集中在高技术产业层面或浙江省高技术产业层面的研究比较少。

　　因此，在上述文献的基础上，本章采用 1998～2012 年浙江省及全国高技术产业的相关时序数据，对 R&D 两面性、技术引进与高技术产业 TFP 增长的关系开展实证研究，拟解决如下问题：①浙江省高技术产业 TFP 的动态变动如何，决定或影响因素是什么；②论证 R&D 的两面性——创新能力和吸收能力及技术引进对浙江省高技术产业 TFP 增长的影响。

第二节　浙江省高技术产业全要素生产率的测算与分析

（一）测算方法说明

　　目前对 TFP 的定量研究方法主要有参数法的随机前沿分析和非参数法的数据包络分析。非参数法的数据包络分析无须对生产函数形式和分布做出假设，可直接利用线性优化给出边界生产函数与距离函数的估算，能避免较强的理论约束。因此，本章采用 DEA-Malmquist 生产率指数方法，对 1998～2012 年浙江省高技术产业的 TFP 进行测度。

（二）数据、变量的选取与说明

　　本章所用的基础数据均来自《中国高技术产业统计年鉴》、《浙江科技统计年鉴》和《中国统计年鉴》。选取的样本区间为 1998～2012 年。根据 TFP 的测算公式，本章构建"两投入一产出"的投入产出数据集。具体指标解释如下。
　　关于产出：本章选用 1998～2012 年浙江省及中国高技术产业当年价总产值作为产出指标，并用 1997 年为基期的工业生产者出厂价格指数进行平减。
　　关于劳动力投入：考虑统计资料的可得性，本章选取浙江省及中国高技术产业从业人员年平均人数作为劳动量投入的指标。
　　关于资本投入：资本投入量应该是资本服务流量，理论界有众多的选择方法。由于数据的统计不完善，本章以物质资本存量加科技活动经费内部支出来代替资本服务流量。在研究物质资本存量时，本章运用国际上最常用的永续盘存法并借鉴 Suzuki 和 Goto（1989）的做法计算浙江省及中国高技术产业的物质资本存量。其公式为

$$K_t = K_{t-1}(1-\delta) + I_t \qquad (5\text{-}1)$$

其中，K_t 表示第 t 年的资本存量；K_{t-1} 表示第 $t-1$ 年的资本存量；I_t 表示第 t 年的投资；δ 表示第 t 年的折旧率。

在研究高技术产业的相关文献中，不少学者采用 15% 的折旧率（刘建翠，2007；刘志迎和叶蓁，2006；李小平和朱钟棣，2006；刘志迎等，2007），因此，本章选取的折旧率也为 15%。对于基准年（1998 年）资本存量的测算，由于统计年鉴上关于 1997 年及以前年份的高技术产业统计数据的缺失，本章选用 1998 年的投资额与 1998～2012 年浙江省高技术产业投资额的年均增长率加上折旧率之后的比值作为 1998 年的资本存量。投资额的数据均来自《中国高技术产业统计年鉴》，由于《中国高技术产业统计年鉴》中并没有直接统计出 1998 年、1999 年和 2001 年固定资产的投资额，本章将更新改造投资额和基本建设投资额之和作为这三年的投资额。为剔除价格的影响，将所获得的当年投资额用 1997 年为基期的固定资产价格指数进行平减。

至于科技活动经费内部支出，从 2009 年起《中国高技术产业统计年鉴》不再列示此项指标数据，因此缺乏 2009～2012 年的数据，本章选取 R&D 经费内部支出、R&D 经费外部支出、技术获取与改造费用三项经费之和来近似替代，并按照 1997 年为基期的固定资产价格指数进行价格平减。

（三）TFP 测算结果分析

TFP 可以进一步分解为综合技术效率和技术进步率。综合技术效率代表两个时期间的相对效率变化，当综合技术效率大于 1 时，表明决策单元的生产更接近前沿面，相对技术效率有所提高。而技术进步率表示生产技术前沿面在两个时期内的移动，当技术进步率大于 1 时，表明技术进步。表 5.1 显示了采用 DEAP2.1 软件测算的浙江省高技术产业 TFP 及其分解情况。

表 5.1　浙江省高技术产业 TFP 及其分解情况

年份	综合技术效率	技术进步率	TFP
1998～1999	1	0.844	0.844
1999～2000	1	0.925	0.925
2000～2001	1	0.908	0.908
2001～2002	1	1.066	1.066

续表

年份	综合技术效率	技术进步率	TFP
2002～2003	1	0.862	0.862
2003～2004	1	1.035	1.035
2004～2005	1	0.951	0.951
2005～2006	1	0.802	0.802
2006～2007	0.973	0.955	0.93
2007～2008	0.992	1.199	1.189
2008～2009	1.035	1.056	1.094
2009～2010	1	0.99	0.99
2010～2011	0.973	1.102	0.985
2011～2012	1.027	1.028	1.028
浙江省平均	1.000	0.979 5	0.972 071
全国总体	1	1.151	1.151

总体而言，1998～2012 年浙江省高技术产业 TFP 整体为负增长，年均下降 2.7929%，低于全国平均水平。对浙江省高技术产业 TFP 进行分析可以发现，技术进步率贡献低是浙江省高技术产业 TFP 下降的主要原因，考察期内技术进步率年均下降了 2.05%，TFP 的增长变化与技术进步率的增长变化基本同步。

从时间演变角度来看，1998～2012 年，浙江省高技术产业 TFP 基本呈现波浪式的发展，除了 2001～2002 年、2003～2004 年、2007～2008 年、2008～2009 年、2011～2012 年，其他时期都是负增长。也就是说，负增长的年数远多于正增长的年数。宏观经济形势的变化在浙江省高技术产业 TFP 的变动上也得到些许体现。2008 年的全球金融危机使得浙江省高技术产业的综合技术效率有所下降，拉低了由技术进步所带来的 TFP 的增长。近几年世界经济虽复苏缓慢，但政府出台多项应对危机和复苏经济的政策措施，如出台《产业调整振兴规划》，大力支持高技术产业化建设和产业技术进步等，使得浙江省高技术产业的技术进步率在 2010 年有短暂的负增长后，又处于正增长状态，对 TFP 的贡献率有所增加。

从技术效率和技术进步率的时序变动看，1998～2006 年，浙江省高技术产业的综合技术效率一直处于保持不变状态，而 TFP 变动趋势与技术进步率变动趋势完全一致，所以这时期的浙江省高技术产业 TFP 处于年均负增长状态，主要是技术退步单因素驱动所致；2006～2012 年，基本上是综合技术效率或技术进步率交替或共同影响浙江省高技术产业 TFP 增长。

第三节　R&D 两面性、技术引进对浙江省高技术产业 TFP 的影响

（一）模型构建

本节借鉴 Krugman（1990）的技术差距模型，以及冯志军和陈伟（2013）、朱承亮（2014）等的计量模型，构建 R&D 两面性、技术引进对浙江省高技术产业 TFP 增长影响的计量模型，公式如下：

$$\ln TFP_t = \theta + \beta_1 \ln RD_t + \beta_2 \ln TI_t + \gamma(\ln RD_t \times \ln TI_t) + \varepsilon_t \tag{5-2}$$

其中，TFP 表示浙江省高技术产业全要素生产率；RD 表示浙江省高技术产业的 R&D 投资；TI 表示技术引进；用 R&D 活动与技术引进的交互项（RD×TI）来考察 R&D 的吸收能力；γ 有两方面的经济含义：一是表示 R&D 的吸收能力；二是表示企业 R&D 与技术引进相结合对高技术产业 TFP 的影响。如果 γ 不显著，表明浙江省高技术产业 R&D 吸收能力较弱，没能通过 R&D 途径有效地吸收引进的外部技术促进 TFP 增长；如果 γ 显著为正，表明浙江省高技术产业 R&D 吸收能力较强，高技术产业自身 R&D、技术引进间存在一种互补关系，高技术产业自身 R&D 投资能有助于吸收引进的外部技术促进 TFP 增长；如果 γ 显著为负，表明浙江省高技术产业 R&D 吸收能力很弱，高技术产业自身 R&D、技术引进间存在一种替代关系，高技术产业自身 R&D 投资不仅没有有效吸收引进的外部技术，而且产生逆向技术扩散，抑制了高技术产业 TFP 的提高。而 β_1 表示 R&D 投资的创新能力对浙江省高技术产业 TFP 增长的影响，β_2 表示技术引进对浙江省高技术产业 TFP 增长的影响。

在对上述模型进行计量检验之前，应当重点考虑下面三个方面的计量问题。一是解释变量与随机误差间的相关性问题。影响高技术产业生产率增长的因素有很多，一来模型中不能穷尽，二来数据可得性有限制，将这些影响因素纳入随机误差中，容易导致的一个计量问题就是解释变量与随机误差项间会存在显著的相关性。二是解释变量的内生性和共线性问题。解释变量可能是内生变量，即 R&D 投入、技术引进与高技术产业 TFP 间可能是相互决定的。如果 R&D 投入与技术引进是两个内生变量，那么它们与随机误差间会存在相关性。当然，解释变量间也可能存在共线性问题，R&D 投入、技术引进关系密切，在时间上有可能存在共同演变的趋势。因此，解释变量的内生性和共线性如没有得到有效的处理，都容易导致有偏估计，从而无法有效识别每一个解释变量对高技术产业 TFP 的真实贡献。三是随机误差项的异方差问题。若线性回归模型存在异方差性，则用传统的

最小二乘法估计模型，得到的参数估计量将不是有效的估计量。本章采用一阶差分法和加权最小二乘（weighted least square，WLS）法来试图有效减少或消除上述的相关性、共线性、内生性及异方差等计量问题。本章构建的一阶差分模型如式（5-3）（变量、系数含义同上）所示。本章下面的分析以一阶差分模型及其用加权最小二乘法估算的回归结果展开。

$$\Delta \ln TFP_t = \theta + \beta_1 \Delta \ln RD_t + \beta_2 \Delta \ln TI_t + \gamma \Delta \ln RD_t \times \Delta \ln TI_t + \Delta \varepsilon_t \qquad (5\text{-}3)$$

（二）数据说明和调整

TFP 用前面测算的浙江省高技术产业 TFP 数据。R&D 投资和技术引进分别用流量指标来代替。浙江省高技术产业的 R&D 经费内部支出额来表示 R&D 投资活动（RD），技术引进经费支出、消化吸收经费支出、国内技术购买经费支出和技术改造经费支出四项之和来表示完整的技术引进费（TI），并分别按照 1997 年为基期的固定资产投资价格指数进行价格平减。

（三）回归结果分析

为了避免伪回归情况的出现，本章首先对模型（5-3）的各一阶差分数列进行了单位根的平稳性检验，单位根检验呈现各数列之间是一阶单整的。进一步对模型（5-3）进行了序列相关拉格朗日乘数（Lagrange Multiplier，LM）检验、White 检验，发现 LM 检验统计量的 p 值、White 检验统计量的 p 值都很大，在 0.05 水平下都不显著，表明模型（5-3）不存在自相关和异方差。然后对模型（5-3）进行了残差 Q 统计量检验，滞后 10 期，Q 统计量的 p 值都很大，在 0.01 水平下不显著，残差序列满足白噪声，表明模型（5-3）的拟合效果较好。表 5.2 给出了模型（5-3）估计的结果，具体分析如下。

表 5.2　回归估计结果

度量	系数值	t 统计值	p 值
θ	0.055 339	1.714 855	0.120 5
$\Delta \ln RD$	0.150 344	0.998 133	0.344 3
$\Delta \ln TI$	−0.275 663	−4.284 450***	0.002 0
$\Delta \ln RD \times \Delta \ln TI$	−1.166 397	−2.743 281**	0.022 7
R^2	0.794 225	adjusted R^2	0.725 678
F	11.581 41	0.001 917	

*** $p<0.01$；** $p<0.05$；* $p<0.1$.

（1）研发投入的创新能力对浙江省高技术产业 TFP 的正向作用不显著。研发投资每增长 1%，浙江省高技术产业 TFP 则增长 0.15%，但这增长现象统计上不显著。这一结论与其他学者研究发现 R&D 投入对高技术产业生产率或经济绩效有显著促进作用存在差异。R&D 的创新能力对生产率不显著的促进作用正好也从某种程度上解释了主要由技术进步率贡献低导致的浙江省高技术产业 TFP 整体负增长现象。正是自主 R&D 的创新能力尤其是原始创新能力偏弱，不能引发浙江省高技术产业的可持续性技术进步，使得高技术企业自主 R&D 对浙江省高技术产业 TFP 的促进作用不明显，R&D 的创新驱动对浙江省高技术产业 TFP 的贡献很低。R&D 投入对浙江省高技术产业 TFP 促进作用不显著的可能原因包括：第一，浙江省高技术企业自主研发投资的数量虽然在每年增加，但仍然处于较低水平且投入结构不合理，创新的质量或成果并没有有效地转化为 TFP 的实质性改善；第二，自主研发投入到 TFP 的提高需要一个转化过程，不同的行业这个转化过程的时滞长短差异很大，这也可能是自主 R&D 投入对当期 TFP 的促进作用不显著的原因；第三，浙江省高技术产业以中小型高技术企业为主，不少中小企业没有研发机构，人才短缺、技术力量落后，难以保障高技术产业所需的高智力、高投入、规模效应，拉低了高技术产业 R&D 的整体创新能力。

（2）技术引进对浙江省高技术产业 TFP 有着显著的负影响。技术引进每增长 1%，浙江省高技术产业 TFP 降低 0.276%。这一结果表明，技术引进抑制了浙江省高技术产业 TFP 的增长，造成这一现象的原因可能是：国内外高技术行业内的技术领先企业为保护自身的核心技术优势、竞争优势和市场地位，倾向于严密保护自己的技术尤其是优势技术，造成技术市场的技术供应不足且技术先进性差；另外，可能引进的技术专业性差，技术的应用性和配套性不足，技术标准不统一，企业即使引进了外部技术，消化吸收投入不够，很难真正实现技术成果的商业化、产业化。

（3）R&D 的吸收能力对浙江省高技术产业 TFP 有显著的负影响。R&D 与技术引进的交互项系数显著为负，这意味着浙江省高技术产业 R&D 的吸收能力较低，未能与引进的外部技术互为补充共同促进浙江高技术产业 TFP 增长，也就是说引进的外部技术不仅没有通过 R&D 途径结合促进浙江高技术产业 TFP 增长，反而抑制了生产率增长。这与已有不少文献研究中发现 R&D 与技术引进之间存在互补效应的结论存在差异。之所以技术引进对浙江省高技术产业 TFP 增长起负的作用，一个很重要的原因就是：浙江省高技术产业 R&D 投入较低且投入的结构不合理，薄弱的 R&D 创新能力降低了其吸收能力，太低的吸收能力导致引进的外部技术与 R&D 结合抑制了浙江省高技术产业 TFP 的增长。

第四节 结论与建议

基于 1998～2012 年浙江省及中国高技术产业的相关数据，本章首先运用 DEA-Malmquist 指数测算发现，1998～2012 年浙江高技术产业 TFP 整体处于主要由技术进步贡献率低所致的负增长状态，且低于全国平均水平。其次，运用一阶差分模型和 WLS 分析 R&D 两面性、技术引进对浙江省高技术产业 TFP 的影响发现，R&D 的创新能力对浙江省高技术产业生产率的促进作用不显著；R&D 的吸收能力较低，导致 R&D 与技术引进的交互项显著抑制了浙江省高技术产业 TFP 增长；技术引进对浙江省高技术产业 TFP 的抑制作用显著。

近年来，浙江省高技术产业在 R&D 经费支出上取得了较大的进步，但与发达的国家或地区相比，仍然存在 R&D 投入较低、R&D 经费来源不合理、R&D 经费投入增长缓慢等问题。不少中小型高技术企业因缺 R&D 人员、缺 R&D 费用、缺 R&D 管理、缺 R&D 机构、缺 R&D 设施等，明显降低了浙江省整个高技术产业的技术进步。因此，要充分发挥 R&D 的两面性对浙江省高技术产业生产率的正向作用，推动浙江省高技术产业 TFP 的持续正增长，必须要特别重视技术进步水平的持续提高，并进一步加强技术效率的改善。为此，首要的是浙江省高技术企业特别是中小型高技术企业要坚定不移地全面实施创新驱动发展战略，继续不遗余力地加大自主研发的创新驱动效应，并辅以技术引进，持续不断地增加 R&D 投入，优化 R&D 的投入结构，增强 R&D 的创新能力和吸收能力，从而既可以直接促进浙江省高技术产业 TFP 增长，又可增强对外部先进技术的吸收能力间接促进浙江省高技术产业 TFP 增长；其次要扭转技术引进对浙江省高技术产业 TFP 增长的消极影响，需积极完善技术市场，消除技术转移的机制体制障碍，进一步健全技术转移的支撑体系，并以引进前沿技术、先进技术为主，以对引进技术的消化吸收再创新为根本。

第六章　战略性新兴产业商业模式的创新地图和生态网络——移动健康与智慧医疗的视角

作为现代服务业的重要组成部分，中国政府已将移动健康与智慧医疗产业作为战略性新兴产业来培育。市场与技术的双向互动关系使得该产业的商业模式正处于持续分化与聚合的震荡过程中。在勾画出当前商业模式的创新地图的基础上，本章系统研究了商业模式与产业生态网络关系。研究表明，新技术作为该产业的临时性进入壁垒，将会随着时间逐渐消失，那些拥有生机勃勃生态网络的市场先行者将会获得规模经济，从而产生可持续性的进入壁垒。要使产业生态网络实现有机成长，运营主体需在生态网络的顶层设计、合作模式、创新战略以及生命力评估等四个方面建立起有效的管理机制。

第一节　问题的提出

2014 年世界银行与中国政府共同启动了新型医疗服务模式研究课题，此项研究将借鉴全球最佳知识和中国本土经验，利用新兴信息通信和医疗技术，以提高全体国民健康水平。世界银行强调，中国医疗服务模式的创新与改革将对中国经济产生巨大影响，改革若能成功，将可以成为其他国家的一个典范，移动健康与智慧医疗产业在这方面将发挥关键作用。作为现代服务业的重要组成部分，中国政府已将移动健康与智慧医疗产业作为战略性新兴产业来培育，使之成为新的经济增长点。

移动互联网像一个划时代的"药引子"，融合了生命科学和信息技术（李建功和唐雄燕，2013），它将移动智能终端、可穿戴智能设备、云计算和大数据完美地整合在一起，从而形成多种医学指标构成的横向数据截面和纵向数据轴，以远程监控方式跟踪人们的健康状态，判断其未来的演变趋势，适时进行干预或治疗。相关研究显示，可穿戴智能设备在治疗慢性病方面效果十分显著（严春美等，2013；Stuckey et al.，2013）。例如，对于糖尿病患者，利用可穿戴智能设备进行远程监护，可使其治疗费用降低 40%以上；对于高血压患者，通过可穿戴智能设备将生命体征信息传输到电子病历中，就医的时间间隔可延长 70%；对于心衰患者，将远程监护植入心脏起搏器中，其住院时间可缩短 35%。

美国市场研究公司 Grand View Research 于 2014 年 3 月发布报告称，2013 年中国移动健康医疗的市场规模为 18.6 亿元，全球移动健康医疗市场规模在 2020 年预计达到 490 亿美元。随着移动健康与智慧医疗产业的迅速发展，原有的医疗健康服务模式将迎来一场革命，人们将真正体会到医疗健康方面的崭新变化（Caterina and Brian，2014）。

新兴技术的发展促进移动健康与智慧医疗市场的开发，而市场的进一步细分（慢性病管理、亚健康管理、智慧养老）又反作用于技术的研发，市场与技术之间的双向互动关系使得该产业的商业模式处于持续分化与聚合的震荡过程中。分析当前移动健康与智慧医疗商业模式的创新态势，研究商业模式与生态网络关系，预测商业模式的未来演变趋势，对我国移动健康与智慧医疗产业实现跨越式发展战略具有重要现实意义（姜黎辉，2015）。

第二节　移动健康与智慧医疗商业模式的创新地图

移动健康与智慧医疗产业的技术架构建立在信息感知层（可穿戴智能设备）、信息传输层（移动智能终端）和信息分析层（云计算平台）之上。真正改变原有健康医疗产业的是医疗数据采集方面的革命性变化，可穿戴智能设备可全方位监测血氧、血糖、血压、心率、脑电图、心电图、胃电图和运动量等，从而形成由多种医学指标构成的横向数据截面和纵向数据轴，借助云计算平台，可全面动态跟踪判断当前疾病状态，并可预测未来演变趋势。

可穿戴智能设备、云计算平台和移动智能终端是当前移动健康与智慧医疗产业发展的三大助推器。可穿戴智能设备包括移动心电图监测仪、移动血糖监测仪、移动血压监测仪、移动运动质量监测仪和移动脂肪秤等，移动智能终端技术涵盖医疗 APP（application，计算机应用程序）技术、医学图片与视频传输技术，云计算平台包括数据分布存储技术、大数据分析技术和平台管理技术。

综合当前国内外移动健康与智慧医疗公司的运营状况，勾画出当前主流商业模式的创新地图，如图 6.1 所示。在技术和市场的推动下，当前该产业的商业模式呈现以下七种创新态势。

（1）移动医院管理系统：涵盖移动查房系统、移动电子病例、远程诊治等部分。医生可通过移动智能终端在任何时间登录系统，对患者进行实时监测和治疗，移动电子病历可动态更新关键数据集，相关数据可在医生、护士和患者之间共享，可有效支持多点协同的远程会诊。移动医院管理系统可使医生的临床诊断效率和患者体验效果得到大幅度提高。

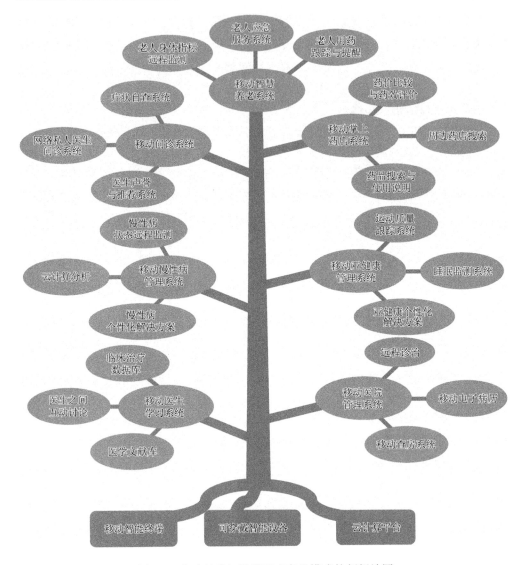

图 6.1　移动健康与智慧医疗商业模式的创新地图

　　（2）移动慢性病管理系统：借助可穿戴智能设备对慢性病患者的医疗数据进行监测、记录和存储，借助云计算平台来动态跟踪和判断当前疾病状态并预测其未来发展趋势，适时地进行干预。目前移动慢性病管理系统占据着整个移动健康医疗的65%市场份额。

　　（3）移动亚健康管理系统：用户通过可穿戴智能设备来监测心率、运动量和睡眠等生理参数，记录体能表现和热量消耗，形成可供综合分析的关键数据轴，通过云计算平台，辨识出这些体征数据的变化规律，预测紊乱的原因及其未来走向，进而判断出中长期形成慢性病的风险，据此提供个性化亚健康解决方案。

（4）移动问诊系统：主要包括症状自查系统和网络私人医生问诊系统两大模块，症状自查系统是借助医疗 APP 模块来帮助用户从相关数据库查询诊疗知识，网络私人医生问诊系统则是通过网络私人医生来获得诊治服务。

（5）移动智慧养老系统：借助可穿戴智能设备，定时监测老人的心率、血压和血糖等医疗数据，通过移动智能终端向其子女和医生传递老人的身体指标、家居活动和运动质量等关键数据，实时提供老人的定位情况，在紧急情况时触发应急救援流程。

（6）移动掌上药店系统：提供药价比较与药效评价、周边药店搜索等服务。目前中国有 8000 余家制药企业，40 万家零售药店，移动掌上药店系统是一个发展极其迅速的市场。

（7）移动医生学习系统：为注册医生和医学院在校学生提供临床视频数据库与最新研究文献，同时医生间可开展在线研讨。当前，医学是发展速度较快的学科之一，中国 200 万名注册医生和 30 万名在校医学院学生在这方面有着非常稳定的知识需求。

第三节　移动健康与智慧医疗商业模式与生态网络的关系

一般而言，一个产业的商业模式由多个相互链接的模块组成（Alexander and Pigneur，2011）。对于移动健康与智慧医疗产业，其商业模式主要由四大关键模块组成，分别是客户细分、价值主张、关键业务和重要合作，如图 6.2 所示。

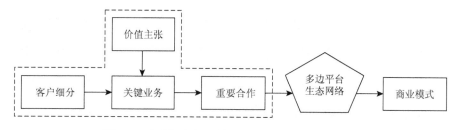

图 6.2　移动健康与智慧医疗商业模式的内在结构

商业模式的第一个模块是客户细分。对于那些想要成功开创移动健康医疗业务的公司，首先要做的事情是，依据它们的资源和能力确定所服务的客户，即围绕哪些客户提供什么类型的服务。这需要考虑该产业的利润池结构，所谓的利润池是该产业在整个价值链上各个环节所赚取的利润总和（Orit and James，2007）。

对于中国移动健康与智慧医疗产业，在价值链上某些细分市场的"池水"（利润）会比另一些细分市场的"池水"深，并且在各个细分市场的内部，"池水"也深浅不一。就具体细分市场而言，其面对的客户可能是：由200万名注册医生、73亿人次的门诊量、2.4万家医院和3.4万家社区医疗服务站组成的医疗机构群体，由1.14亿名糖尿病患者、3.3亿名高血压患者和4000万名冠心病患者组成的慢性病患者群体，由8000家制药企业和40万家零售药店组成的药品制造与销售群体，由2亿名60岁以上老人（其中1亿人为独居空巢老人）组成的老人群体以及由高达6亿人（其中4亿人为睡眠障碍者）组成的亚健康群体，如图6.3所示。

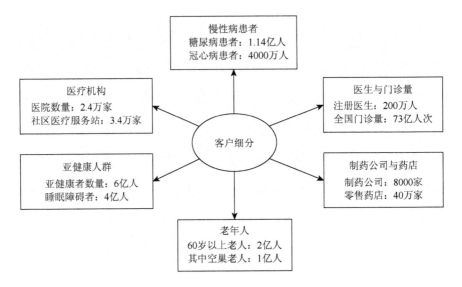

图6.3 移动健康与智慧医疗产业的客户细分

客户细分实质上是为运营主体提供一个思维和决策框架。当客户细分的结构和层次合理时，就可更加全面透彻地理解客户的购买决策，更准确地预测各类细分客户的终生价值（lifetime value），更好地将细分客户的潜在需求显性化，更有效地实施投资与创新决策。

商业模式的第二个模块是价值主张。价值主张是客户转向一个公司而非另一个公司的原因，它解决了困扰客户的问题或者满足了客户的需求，每个价值主张都包含了可选的系列产品或服务，以迎合特定细分客户群体的需求（Alexander and Pigneur，2011）。移动亚健康管理系统的价值主张是"未病养生，防病于先"，而移动慢性病管理系统的价值主张是"既病防变"。

商业模式的第三个模块是关键业务。为了确保商业模式切实可行，关键业务是运营主体必须做的最重要事情，它是实现价值主张的重要手段。美国 WellDoc

公司是一家专注于糖尿病管理的移动技术公司，其关键业务是，患者用可穿戴智能设备记录和存储血糖数据，云计算平台基于血糖数据为患者提供个性化的反馈。上海时云医疗科技公司是一家疾病预测服务的公司，其关键业务是，通过可穿戴式智能设备对用户采集各种体征数据，云计算平台对具有个性化特征的大数据进行交叉分析，预测其中长期慢性病形成的风险。

　　商业模式的第四个模块是重要合作。移动健康与智慧医疗产业实质上属于平台型业务，平台为服务需求者、服务供给者和其他参与者提供了沟通和交易架构（Free and Phillips，2013a）。中国的春雨医生、5U 家庭医生、杏树林和掌上药店等，这些运营主体围绕自己所定位的客户，在运营平台上聚集相关资源，开展关键业务，实现价值主张。因此，重要合作模块是商业模式运营的基础。

　　重要合作模块建立的过程实质上也是其生态网络构建的过程。一个产业的生态网络往往由客户、服务提供商、技术提供商、产品制造商和分销商以及许许多多其他组织构成，它们直接或间接参与产品和服务的创立与提供（Iansiti and Levien，2007）。从生态位的角度看，移动健康与智慧医疗产业与自然界的生态系统有着极大类似，在这个系统中，多个参与方组成一个相互联系、相互促进的有机体，它们相互依赖，和谐共生，在竞争中求得系统的动态平衡，最终实现整个系统的价值增值（孟群等，2013）。

　　移动健康与智慧医疗产业的生态网络由客户网络、服务网络、技术网络和产品网络等构成。例如，移动慢性病管理系统的生态网络以糖尿病、高血压和冠心病等慢性病患者为核心，涵盖服务网络（专科医生和合作医院）、技术网络（慢性病医疗 APP 开发商、可穿戴智能设备开发商和云计算平台开发商）和产品网络（药店和保健品供应商）。移动智慧养老系统的生态网络核心是老年人（特别是空巢老人）群体，网络延伸至服务网络（社区医生、专科医生和应急救援医院）、技术网络（老年人医疗 APP 开发商和可穿戴智能设备开发商）、产品网络（药店和老年人专用产品供应商）。移动亚健康管理系统的生态网络涵盖全科医生、心理学医生、营养师、亚健康 APP 开发商、可穿戴运动质量监测设备开发商、养生健身场所和保健品供应商等。

　　运营主体应考虑生态网络中的不同群落之间的协同效应，引入新的群落可能出于多种目的，如获取资源、开发新服务、掌握新技术和进入新市场等，这些目标支配着生态网络的演变趋势及其治理结构。同时，要注重群落的多样性，群落多样性的意义主要体现在价值类型的多样性，即直接使用价值、间接使用价值和潜在使用价值。运营主体应将所有群落作为生态网络的多边组合体进行规划和研究，而不是将外部联结作为独立的事件和交易而进行分析，如图 6.4 所示。

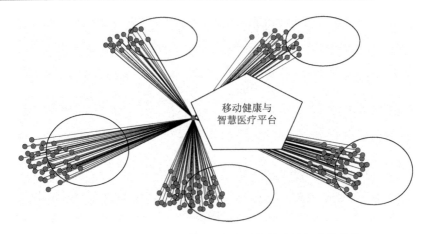

图 6.4　移动健康与智慧医疗生态网络的多边组合体结构

第四节　移动健康与智慧医疗产业的生态网络研究

运营主体不仅要擅长发现与其自身资源相适应的商业模式，而且要围绕商业模式率先构建生态网络，要想使生态网络实现可持续性有机成长，就要在生态网络的顶层设计、合作模式、创新战略以及生命力评估等方面建立起有效的管理机制，如图 6.5 所示。

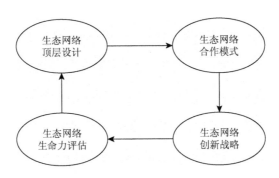

图 6.5　移动健康与智慧医疗生态网络的管理机制

（一）生态网络的顶层设计

移动健康与智慧医疗产业生态网络的顶层设计涉及网络的垂直结构、水平结构、空间结构和时间结构等四个方面的规划工作，如图 6.6 所示。运营主体要将其市场细分为不同客户群体，对于同一类型的客户，依据其需求层次的不同再进行细分，按照不同的客户群体以及不同的需求层次来规划其生态网络的垂直结构。

在此基础上，运营主体围绕同一层次的客户需求来构建服务、技术和产品网络，即水平结构的设计。

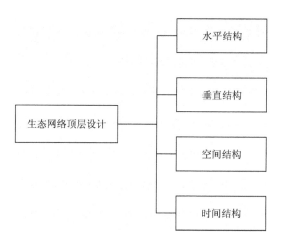

图 6.6　移动健康与智慧医疗生态网络的顶层设计

　　运营主体依据 O2O（online to offline，线上与线下）互动特征，以实际空间区域来规划其生态网络，这就是生态网络的空间结构设计。春雨医生平台在其网络平台上，陆续推出多个地方区域板块。例如，"青岛掌上医生"提供青岛本地专家咨询、本地挂号、本地健康资讯和健康商城等多种具有地域特征的服务。运营主体在构建其生态网络过程中，往往面临多种资源的约束，在什么时间内、投入多少资源去优先构建哪些网络？这需要运营主体在时间序列上对其生态网络的阶段性建设目标进行规划和设计，即生态网络的时间结构设计。

（二）生态网络的合作模式

　　移动健康与智慧医疗产业实质上建立在一个多边平台市场（muliti-sided market）之上，各参与方之间的交易并不是通常的双边交易。运营主体往往会为某一边的参与方提供费用上的补贴，借以激起该群体进驻生态圈的兴趣，此群体通常称为"被补贴方"，而另一边群体通过付费方式给平台带来收入以支撑其运营，此群体称为"付费方"（陈威如和余卓轩，2013）。

　　运营主体可对服务需求方、服务提供方或者其他参与方采取免费、收费或者补贴等不同策略，或者对参与方的低端需求者进行免费，对其高端增值服务需求者进行收费。因此，移动健康与智慧医疗生态网络的合作机制实际上就是多边参与者之间的交易组合方式，如图 6.7 所示。

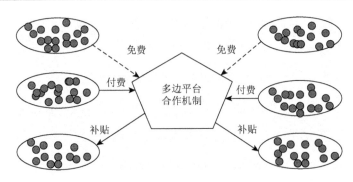

图 6.7　移动健康与智慧医疗多边平台的合作机制

运营主体需要洞悉各参与方内在的不同诉求，通过对生态网络合作机制的精心设计，实现各参与方对有形的财务利益或无形的非财务利益的追求，以保障平台的可持续性健康运营。

在移动健康与智慧医疗生态网络的合作机制方面，美国多家公司进行了多种有益的探索。美国 Epocrates 公司为医生提供临床视频数据库和最新医学研究文献，该平台对其客户-医生是免费的，其绝大部分收入来自于制药公司的广告和问卷调查服务。美国 ZocDoc 公司根据患者的地理位置、保险状态和医生的专业能力，为患者推荐医生，在此平台上，医生会更容易获得保险覆盖面较为齐全的患者，而保险公司借助"性价比"高的医生可以更好地控制运营成本，该平台对患者是免费的，而医生和保险公司需要向平台定期缴纳费用。

（三）生态网络的创新战略

近 20 年中国的电子商务产业发展历程表明，许多电子商务公司的生态网络当受到外力干扰（竞争对手的崭新价值主张和广告效应）时，往往结构失衡甚至崩溃，而不得不退出该产业，而最终胜出的电子商务公司生态网络多处于持续稳定型平衡状态。

与电子商务产业类似，移动健康与智慧医疗产业也建立在平台之上，其竞争优势也同样来源于其生态网络。就平台型公司而言，生态网络通常处于三种平衡状态（即稳定型平衡、随遇型平衡和不稳定型平衡）之一。这好比，一个立方体放在水平面上属于典型的稳定型平衡，一个球放在水平面上是典型的随遇型平衡，一个锥体靠它的顶点保持平衡是典型的不稳定型平衡。

生态网络要想实现稳定型平衡，网络中的各参与方需要充分达到适应、协调和统一的状态，这需要平台的各参与方之间的连接呈现多点合作形态，而非单点接触，只有这样才能使生态网络更加稳固。

在实践中，运营主体多采用戈特弗雷德森（Gottfredson）提出的 T 形创新战略以建立各参与方之间的多点合作机制（Gottfredson and Aspinal，2005）。T 形创新战略是，首先设定基线，设想一个平台型公司对某种客户群体只提供一种产品或服务，这是一个基本的创新支点，这个支点需要足够强大，如图 6.8 所示。在此基础上，依据客户需求链来给关键业务系统增加多样性，在仔细评估它们对整个价值链成本影响的前提下，逐个增加产品或服务，这样可使生态网络中的各参与方之间原有单点连接向多点合作形态迁移，有效增加平台对各参与方的黏性，进而提高整个生态网络的稳固性，如图 6.9 所示。

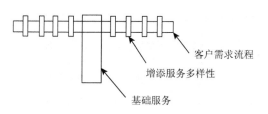

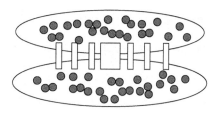

图 6.8　T 形创新战略　　　　　图 6.9　参与方的多点合作形态

在实施 T 形创新战略时，运营主体需首先解构特定客户群体的整个需求流程，在需求流程的每个步骤中，分析当前解决方案存在哪些关键缺陷，辨识出当前解决方案在准确性、稳定性和执行速度方面所存在的问题，在此基础上，搭建一个创新性解决问题的框架，依据客户的需求链搭建平台的创新链，这是提高客户体验度最有效的创新途径。

对于移动智慧养老系统，主打的服务多是借助可穿戴智能设备来远程监控老人的心率、血压和血糖等指标，通过无线方式定时传送给医生和其子女监护人。T 形创新战略首先是研究老人的需求流程图：老人的日常起居流程、慢性病治疗流程和应急服务流程，辨识出老人在哪些流程节点处于紧张和无助状态，在此基础上，创立新服务、开发新技术以优化当前状态。从事移动健康与智慧医疗产业的公司，需要构建客户行为数据库，充分挖掘客户的潜在需求，采用大数据分析系统，预测客户行为的变化，适时创立新服务以延伸其创新链（Free and Phillips，2013b），通过提高客户体验度来增加平台对客户的黏性。

（四）生态网络的生命力评估

对于移动健康与智慧医疗产业，生态网络的生命力有三个评估标准，分别是网络的延展性、节点的活跃度以及网络的生产率。

具有良好网络延展性的生态网络往往具有以下两个特征：一是网络规模的持续性扩张，不断有新的节点加入网络；二是网络结构的稳定性增强，早期加入网络的节点形成稳定核，并和后加入的节点进行多种方式的联结。

网络节点的数量对平台的竞争优势有着直接的影响，然而，如果不和网络节点的活跃度结合起来，单独分析此类数字意义不大。例如，某平台的注册用户数已近千万，但其中很多用户可能早已流失，不再登录该网站，只有活跃用户才能为平台创造价值，所以对一个平台而言，真正有意义的是活跃用户的数量而非注册用户的数量。活跃度是通过用户的访问行为来衡量用户对运营平台的依赖或喜爱程度，它是衡量平台的价值主张和客户的体验度的重要指标。

生态网络的生产率取决于其各个细分市场的收益能力。运营主体要在其生态网络中不断创造出更多的细分市场，只有这样才能提高生态网络的整体生产率。春雨医生针对那些高频率提问的用户推出了收费服务，用户在支付会员费后，享受不限次数的咨询，并保证医生在 20 分钟内进行回复。同时，春雨医生在其平台上陆续推出"化验单解读"短期关系服务、"个性化健康方案＋咨询"中期咨询类服务以及"线上家庭医生"长期跟踪类医疗服务。

在实践中，从事移动健康与智慧医疗产业的公司，需要每隔一段时间对其目标客户群体进行动态再细分（resegment），追踪产业利润池中各个细分市场的利润走向，寻找那些能为公司带来最多利润的客户并为之提供所需服务，这样当具有吸引力的细分市场出现时，它就能比竞争对手更快地做出反应。

为了对生态网络的生命力进行跟踪和评估，运营主体需要构建生命力的动态显示板，以可视化的形式展现网络延展性、节点活跃度和网络生产率等指标，如图 6.10 所示。同时，运营主体需要建立相关管理机制，以保障生态网络的有机成长。例如，对于移动问诊系统，需要建立医生审查机制、众包机制、抢答机制和用户评价机制等，在实践中，需要在合作伙伴的互补性资源评估-合作模式选择-合作业绩评估-合作关系解除等方面不断规范和优化有关流程。

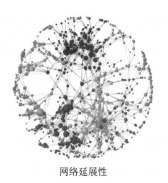

网络延展性

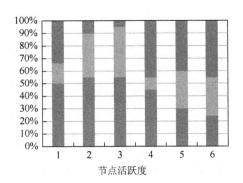

节点活跃度

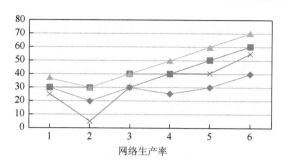

图6.10 移动健康与智慧医疗生态网络的生命力显示板

第五节 结论与启示

随着可穿戴智能设备、移动智能终端和云计算平台的突破性进展，移动健康与智慧医疗产业得到迅速发展，越来越多的公司被其巨大的市场空间所吸引进入该产业中。新技术是该产业的临时性进入壁垒，不同公司在这方面的能力差异使得各方的战略行为呈现多样性。然而，随着越来越多的研发机构加入，技术扩散的速度势必加速，更多的公司将会通过购买或合作研发方式获得相关技术，随着时间的延长，起初时的各公司之间的竞争优势差异性将会逐渐消逝。面对快速发展的市场，那些拥有生机勃勃且持续扩张生态网络的公司将获得规模经济，市场集中度将会提高，从而形成可持续性的进入壁垒，随着临时性进入壁垒逐渐消逝，后进入者将不得不面对市场先行者建立起的可持续性进入壁垒。

要想在移动健康与智慧医疗产业中获得卓越绩效，运营主体不仅要擅长发现与其自身资源相适应的商业模式，而且需围绕其商业模式率先构建生态网络。同时，要在生态网络的顶层设计、合作模式、创新战略以及生命力评估等方面建立起有效的管理机制，以使生态网络实现有机成长。

第七章 战略性新兴产业区域创新生态系统构建：杭州城西科创大走廊建设的案例

战略性新兴产业集聚化、融合化、生态化发展是创新驱动的重要动力。发展战略性新兴产业，不仅要通过产业和技术的跨越发展，突破全球产业链的重围，更要注重通过相关各门类基于产业的协调配合，构建自主、完善的创新产业链和产业生态系统。战略性新兴产业往往于某一条件成熟区域涌现，该区域会成为新科技创新发展的策源地和起步区。借鉴国外的有益经验和做法，可以围绕重点战略性新兴产业，选择条件适宜地区开展试点，探索建立多元化区域创新生态系统，浙江省杭州城西科创大走廊（以下简称科创大走廊）即在这方面的探索实践。本章以科创大走廊为例，指出科创大走廊建设全球领先的信息经济科创中心的关键是创新生态系统的建设。本章进行了科创大走廊建设全球信息经济科创中心的战略要素分析，构建了科创大走廊创新生态系统建设的框架，围绕全球创新要素的集聚、核心物种的培育竞争、生态系统配套程度的提升、核心企业更新力度的加强等方面提出了促进科创大走廊创新生态系统建设的政策建议。

第一节 科创大走廊发展概况

（一）科创大走廊建设背景和发展目标

面对激烈的国内外科技与经济竞争，国内主要发达地区都已将建设一流的科技创新平台作为实现跨越式发展的战略举措，如上海市加快建设具有全球影响力的科技创新中心的战略部署等。针对浙江省"十三五"时期的特殊关键期和创新的新要求，必须强化创新极核功能，集聚建设高能级科技创新平台。从新兴产业培育的视角看，战略性新兴产业的灵魂是技术创新，浙江省重点发展的九大战略性新兴产业如新一代信息技术产业、新能源产业、节能环保产业、高端装备制造业等领域在关键技术、核心技术上亟待突破，亟须高能级科技创新平台的支撑。在此大的背景下，集聚建设科创大走廊高能级科技创新平台显得尤为及时并附有战略性。规划建设科创大走廊，是贯彻落实全国科技创新大会精神、深入实施创新驱动发展战略、补齐科技创新第一短板、推动供给侧结构性改革的重要举措，是浙江省"十三五"时期既该干又能干成、对全省发展具有牵引性作用的大事之一。

科创大走廊以杭州市文一西路为主轴，东起浙江大学紫金港校区，西至浙江农林大学，全长约 33 公里。在总面积 224 平方公里的区域里，既分布着浙大科技城、未来科技城、青山湖科技城，又密集着不同功能的特色小镇和创新区块，同时汇聚诸多高校、研究院、高新技术企业等高端要素，创新生态雏形初显。科创大走廊第一次见诸报端是 2015 年 11 月，随后发布的《浙江省国民经济和社会发展第十三个五年规划纲要》明确把规划建设科创大走廊写入纲要。2016 年 8 月，浙江省发布《浙江省人民政府办公厅关于推进杭州城西科创大走廊建设的若干意见》和《杭州城西科创大走廊规划》，标志着"杭州城西科创大走廊"正式启动（浙江省人民政府办公厅，2016）。

根据规划，2016~2020 年，浙江省政府每年从创新强省资金中安排 4.5 亿元支持科创大走廊建设。力争用 5 年左右的时间，集聚 30 万创新创业人才、1000 家高新技术企业、1 万家科技型中小微企业。规划的总体目标是到 2020 年，初步形成全球领先的信息经济科创中心基本框架体系。到 2030 年，完善"互联网＋创新创业"的生态系统，实现创新资源的全球整合配置，着力在网络信息技术领域突破一批核心技术，培育一批国际知名龙头企业，抢占全球信息经济发展制高点，努力建成全球领先的信息经济科创中心（浙江省人民政府办公厅，2016）。

（二）科创大走廊建设指导思想和发展路径

1. 科创大走廊建设指导思想

根据科创大走廊规划，在建设杭州国家自主创新示范区的总体框架下，深入实施创新驱动发展战略，向创新要红利，向改革要动力，向人才要后劲，加强开放合作，充分发挥浙江大学等知名高校、阿里巴巴等知名企业的发动机作用，推进政府、市场协同发力，推动新技术、新业态、新模式、新产业发展，努力打造全球领先的信息经济科创中心。

（1）国际水准的创新共同体。整合国际国内创新资源，建设一批开放式创新平台，吸引一批高层次创新创业人才，引导数据流、技术流、物质流、人才流在科创大走廊的集聚，打造国际水平的创新联盟、外国人创业园。促进科技与经济的深度融合、人力资本与金融资本的碰撞，构筑跨地区、跨国界的技术评估、引进与转化平台，成为国际性的自然和人文共融、创新与产业互动的"创客家园""创新天堂"。

（2）国家级科技创新策源地。省市校企共同努力，合力共建网络大数据协同创新中心（之江实验室）。整合区域内科研院所、技术转移中心等科研资源，推动产业创新、技术创新逐步向知识创新延伸，向基础研究和应用基础研究领域拓展。发挥浙江大学、阿里巴巴等名校名企的创新源作用，瞄准科技前沿和顶尖水平，在网络信息技术等关键核心技术领域取得重大突破，为科技、产业持续发展提供源头创新支撑，成为国家级科技创新策源地。

（3）浙江省创新发展的主引擎。致力于有效提高科研成果的技术转移与产业化效率，促进企业特别是民营企业在创新体系中的"全流程"参与和"双向互动"，建立以企业为主导的产学研用协同创新机制。聚焦七大产业的主攻方向和重点领域，推进产业智慧化与智慧产业化深度融合，形成以信息经济为引领、高端服务业为主导、智能制造业为支撑的科创大走廊产业新体系，成为引领浙江省创新发展的主引擎。

2. 科创大走廊发展路径

根据科创大走廊建设的指导思想，其发展路径是依托"一带、三城、多镇"的走廊空间，围绕产业链强化创新链、围绕创新链部署资金链，推动科技与经济结合、技术与资本联姻、见物与见人并重，实现科技创新由"跟跑""并跑"向"领跑"跨越发展，打造形成一廊三链的科创大走廊创新创业生态圈。

（1）构筑生态廊。恪守"生态为基、功能高端"，积极导入优质公共服务设施，优先布局主城区优质教育资源、国际学校、高等级医院等，优化"畅通西部"综合立体交通解决方案，维护原生态环境，构建和谐共生的生态本底，打造生态、生产、生活的三生融合新型城市创新空间，建设高端人才创新创业的宜居之地。

（2）强化创新链。坚持"关键突破、协同创新"，以科技创新为核心，引进龙头领军型企业、高水平科研机构、海内外高层次人才，支持浙江大学、浙江工业大学、浙江工商大学、杭州电子科技大学、西湖大学等高校建设一批国际领先的科研机构，推动各类要素资源集聚、开放、共享，全方位推进产品创新、品牌创新、产业组织创新、商业模式创新。

（3）拓展产业链。倡导"需求导向、转化应用"，支持企业组建各类研发机构，积极鼓励企业、高校、科研机构等主体有效对接，打通科技成果转化和产业化的通道，推动科技创新成果从实验室走向市场，形成从基础研究到产业化的创新创业全产业链，打通从科技强到产业强、经济强的通道。

（4）部署资本链。秉持"产业为本、金融为用"，寻求与创业和天使投资基金的合作，支持创新创业企业在多层次资本市场挂牌、上市和融资，发行各类债券、资产支持证券、吸收私募投资基金，积极布局证券、保险、财务公司等金融牌照业务，构筑更加活跃的投融资体系，打通创新创业与资本融通的渠道，用资本链条链接产业和创新，助力科技创新与金融创新的融合。

（三）科创大走廊信息经济的发展基因和信息产业集聚度分析

杭州信息经济的发展在全国处于第一方阵，信息经济对全市生产总值的贡献率超过了50%，是世界有名的电子商务之都。2014年9月，阿里巴巴的成功上市让杭州和北京、深圳一并跻身为"中国硅谷"最有力的竞争者。以城西科创产业集聚区为主体的科创大走廊是杭州信息产业发展的排头兵，里面聚集着致力于构建全球性电子商务产业链的阿里巴巴，在全球视频监控领域领先的海康威视等一批信息产业知名企业，有着天然的信息经济发展基因。科创大走廊未来将主攻未来网络、大数据云计算、电子商务、物联网、集成电路、数字安防、软件信息等先发优势明显且代表未来方向的产业。

产业集聚度是反映产业集聚程度的一个指标，能够反映产业的竞争力和一个区域的经济实力。测量产业集聚度有多种不同的方法，较为常用的方法指标有：首位度指数、赫芬达尔指数、区位熵（location quotient，LQ）指数、空间基尼系数、空间集聚指数等（赵伟，2009）。本章采用区位熵指数对科创大走廊的信息产业集聚程度进行简要测量。

区位熵（Haggett，1965）自提出以来，被广泛使用以判断区域是否存在产业集聚化及竞争优势，其公式为

$$LQ_{ij} = (E_{ij}/E_i)/(E_j/E) \tag{7-1}$$

其中，E_{ij} 为 i 地区 j 行业的就业或产值；E_i 为 i 地区的总就业或总产值；E_j 为所有地区 j 行业的就业或产值；E 为所有地区所有产业的总就业或总产值。通常用区位熵的值与1进行比较，高于1则表明行业 j 在地区 i 的比重高于全国平均水平，反之亦然。本章以2015年软件产业营业收入情况来测算科创大走廊的区位熵，如表7.1所示。

表 7.1　2015 年杭州城西科创产业集聚区区位熵情况表

	杭州城西科创产业集聚区	杭州市	全国
软件产业营业收入/亿元	348.56	2 313.85	42 847
国内生产总值/亿元	1 402.56	10 050.21	686 181.5
区位熵指数	3.979 9	3.687	1

资料来源：根据相关网站公开数据整理所得。由于科创大走廊不是行政范围，缺乏相应的统计口径，其物理空间以城西科创产业集聚区为主体，数据分析以集聚区数据为主。

从表7.1中可以看出，2015年科创大走廊信息产业区位熵指数达到了3.9799，

信息产业集聚度比较明显，核心产业种群有一定优势，为"互联网＋创新创业"的生态系统建设和未来努力建设成为全球领先的信息经济科创中心奠定了坚实产业基础。

第二节　科创大走廊建设全球信息经济科创中心的战略分析

（一）SWOT分析的基本框架

战略分析是决策的基础与依据，特别是当今面临国内外经济环境的复杂性与不确定性的情况下。基于科创大走廊建设全球领先的信息经济科创中心的目标与愿景，对其战略分析的重点在于考察科创大走廊区域内部和外部影响及制约行为的要素，核心是寻求科创大走廊区域内部运作与外部环境的契合，保证其使命的顺利实施。SWOT（strength weakness opportunity threat，优势、劣势、机会、威胁态势）分析框架是常被用来进行竞争战略制定的战略分析工具之一（Agarwal et al.，2012；项国鹏和杨卓，2014），依据研究主题的需要，本章选择战略管理中广泛使用的SWOT分析框架，如图7.1所示（Andrews，1971；Learned，1965），SWOT分析主要关注组织的内部禀赋与运作、外部环境的构成与特点，并强调组织的内外匹配与契合。

图7.1　SWOT分析框架：组织内外匹配与契合

（二）科创大走廊的内部禀赋和能力要素分析

1. 优势

（1）优越的地理位置和自然生态环境。科创大走廊坐落在美丽的"人间天堂"杭州市，以杭州市文一西路为主轴，从浙江大学紫金港校区到浙江农林大学，全长约33公里。在这片土地上，分布着浙大科技城、未来科技城、青山湖科技城，密集着梦想小镇、云制造小镇、西溪互联网金融小镇，汇聚着众多的高校、高新技术企业等要素，是杭州城西的科技创新带、快速交通带、品质生活带，地理位置优越。

科创大走廊拥有良好的生态环境，位于杭州西北部生态带和西南部生态带两条城市生态带之间，具有良好的生态基底。科创大走廊地势由西南西北向东逐渐倾斜，湿地与青山同存，生态资源得天独厚。区域内以农田和水网为主，拥有西溪湿地、青山湖等山水景观资源，被称为杭州之肾。诚然，生态环境不是创新空间形成的充分条件，但生态正成为杭州创新系统的组成要素，与技术、人才、资本、文化融合在一起，构成创新经济培育的重要土壤。优越的自然地理位置和生态环境为促进科创大走廊建设成为全球信息经济科创中心奠定了现实基础。

（2）区域内科研力量雄厚，科研实力全国领先。科创大走廊东起浙江大学紫金港校区，西至浙江农林大学，其间分布了浙江工业大学、杭州电子科技大学、杭州师范大学等10余所高校，50多个重点院所和30多个重点研发平台，区域科研机构显著集聚。浙江大学拥有18个学科进入了世界前1%，年平均发明专利授权量1500件，居全国第一。截至2015年，城西科创产业集聚区累计培育和引进"国千"专家102名、"省千"专家142名、两院院士25名，集聚科技活动人数近7000人。青山湖科技城已有香港大学浙江研究院、中国科学院长春应用化学研究所杭州分所、浙江西安交通大学研究院等46所科研机构入驻。雄厚的科研力量为科创大走廊的发展提供了优质的科教资源和人才资源，这将是驱动科创大走廊创新创业的发动机。

（3）生产力水平位居浙江省前列。科创大走廊实际上是近年城西科创产业集聚区发展的"升级版"。作为科创大走廊空间主体的城西科创产业集聚区2015年地区GDP达到579亿元，占杭州市GDP总量的5.7%，经济总量连续四年位居全省各产业集聚区之首；集聚区财政收入超过100亿元，占全市财政收入的5.1%。城西科创产业集聚区连续四年综合考评优秀，产业增加值、企业利税总额、固定资产投资等方面均列全省第一，尤其在"产业优化""发展效率"两类指标中表现优异。区域内的特色小镇发展潜力较大，梦想小镇、紫金众创小镇等在国内已有较大影响力。

（4）创新氛围浓厚，创新创业生态软环境良好。科创大走廊内创新氛围浓厚，阿里巴巴在大走廊内倾力打造支付宝、网商银行、淘宝城四期等项目，正努力构建一条全球性电子商务产业链。海康威视、联飞光纤新材料等高新技术企业落地实施，正逐渐形成一条以信息技术为引领，人工智能、新金融、新能源、科技服务融合融创的产业链。10多个孕育高新技术企业的梦想小镇、云制造小镇、紫金众创小镇在此云集，成为创新创业的理想之地。这一浓厚的创新氛围对科创大走廊打造自己的竞争优势起着非常重要的作用。

区域内基本建立的公共技术服务平台提供了良好的创新创业环境。2010年7月成立的浙江海创园，采用"属地政府建园区、企业投资办平台、条块政策作支撑"的模式，以引进海外高层次人才为前提，依托浙江省活跃的民营经济，集中全省资源推动政策创新和体制机制创新。梦想小镇通过构筑最富激情的创业生态系统，以低门槛的优惠条件吸纳众多大学生创业群体，成为有创业梦想年轻人起步的摇篮。云制造小镇整合了 46 家智能制造领域科研院所和企业的研发资源，共建专业检测中心、实验室、服务平台，实现优质研发资源的共享共用、优势互补，助推院所和企业协同创新。

2. 劣势

（1）起步时间晚。"城西科创大走廊"第一次见诸报端是 2015 年 11 月，2016年初正式建立，发展至今也就一年多的时间，相比于北京中关村，上海张江等区域的起步时间比较晚。尽管科创大走廊区域在浙江省内已处于领先水平，但受开发年限、产业类别、区位环境等因素影响，区域工业总产值及服务业营业收入、创业投资等方面与国内成熟的产业集聚区域相比还有较大的差距，对科创大走廊的发展造成了一定的制约。

（2）区域内基础设施尚未完善。科创大走廊区域内重大基础设施还不尽完善，缺乏医疗、文体等大型优质公共服务设施，区域交通规划布局明显滞后，公共交通服务能力薄弱，与主城区快速联系通道不畅，与门户枢纽联系效率不高，缺少大型综合交通枢纽布局，区域通勤效率低下。科创大走廊内虽然有阿里巴巴作为支撑，但其他规模较大的企业较少，说明园区结构还没有完全成型，不能形成很好的市场竞争力。基础设施滞后的问题显著影响了科创大走廊的发展。

（3）内部协调不足，区域管理体制亟须理顺。科创大走廊涉及杭州西湖区、余杭区和临安市及相关高校，管理主体较多，较难形成统筹规划、统筹开发、统筹管理的合力。政府在科创大走廊发展中的定位是服务者和统筹者，政府需要制定科创大走廊发展的整体战略规划，为科创大走廊的发展提供政策支持，但需注意政策"打架"的问题，注意政策之间的协调关系，建立健全统一规划、统一协调、分工协作的工作机制。在经济发展和产业协调的过程中要考虑到杭州市区和周边地区对科创大走廊的辐射问题，同时科创大走廊内部的竞争也难以避免，在发展的过程中怎么协调内部的竞争是一个重要的问题。

（三）科创大走廊的外部环境要素分析

1. 机会

（1）全球创新发展和国家创新驱动战略的新契机。当今世界，创新能力成为国家竞争力的核心要素。打造国际一流科技创新平台是全球主要创新型国家和地区成功实现创新驱动的宝贵经验。"十三五"时期，国家将创新升至五大发展理念之首，把创新摆在国家发展全局的核心位置，对创新的重视正达到前所未有的高度。国务院出台《关于强化实施创新驱动发展战略进一步推进大众创业万众创新深入发展的意见》，进一步系统性优化创新创业生态环境。浙江省委关于补短板的若干意见明确要求补齐科技创新第一短板。创新驱动发展战略是国家重大战略，杭州是国家自主创新示范区，这是科创大走廊发展大的机遇背景。加快推进科创大走廊规划建设也是杭州主动适应新形势，实施创新驱动发展战略，发挥示范区效应为创新型国家做贡献的新需求和新契机，具备良好的基础和广阔的前景。

（2）浙江省和杭州市优厚的政策环境。浙江省的改革一直走在全国前列，省、市、区出台了一系列支持创新创业政策。科创大走廊纳入浙江省"十三五"规划后，浙江省委、省政府提供了强有力的政策支持，并专门出台《关于推进杭州城西科创大走廊建设的若干意见》，从开展行政审批制度改革试点、改革横向科研项目经费管理机制、完善高等学校科研院所成果转化激励机制、放宽领军型创新人才创业政策、加快建设各类高水平创新载体等十多个方面推进科创大走廊建设。作为国内最具创新活力的城市之一，杭州市出台了《杭州"创新创业新天堂"行动实施方案》《关于支持大众创业促进就业的意见》《关于杭州市高层次人才、创新创业人才及团队引进培养工作的若干意见》《杭州市高层次人才分类偏才专才认定实施细则》，进一步加大了人才引进培养力度、完善扶持政策、优化生活保障，不断完善科技资源市场化配置机制，打通了科技与产业结合的通道，努力构建"大众创业、万众创新"的生态系统。省市共同打造一流的创新创业生态系统，提供一流的创新效率和一流的创业成功率，这是政策和制度供给带给科创大走廊的巨大效应。

（3）杭州市良好的信息经济产业发展环境。产业环境方面，杭州作为历史文化名城，产业发展已呈典型的三、二、一结构，2016年第一、第二、第三产业比例为4.2∶44.2∶51.6，服务业对GDP的增长贡献率达62.9%。智慧产业方面位居国内第一方阵，产业的智慧化领域具有雄厚的基础。根据《2016年杭州市国民经济和社会发展统计公报》，全市信息经济实现增加值2688.00亿元，增长22.8%，对GDP的贡献率已然超过了50%。信息经济是杭州市经济发展的新阶段，也是信息化与工业化协调互动的最佳模式。杭州发展信息经济是顺应经济全球化的必然选择。《杭州信息经济智慧应用总体规划（2015—2020年）》明确以电子商务产业、软件与信息服务业、文化创意产业、电子信息产品制造业、云计算和大数据产业、物联网产业、智慧物流产业、移动互联网产业、互联网金融产业、机器人产业、集成电路产业、信息安全产业12大智慧产业作为杭州信息经济的核心产业。杭州市扎实的信息经济基础和良好的信息经济发展环境为科创大走廊建设全球领先的信息经济科创中心提供了难得的历史发展机遇。

2. 威胁

（1）创新要素集聚竞争日趋激烈。创新创业的关键是要大力聚集人才、技术、资本、项目等资源，创新英才汇聚、创新要素汇集的程度已成为决定区域发展层次的决定因素。因此，亟须加快在科创大走廊发展中引进和培育企业研究院、企业技术（研发）中心和科技创新平台，集聚世界一流大学、研究、设计、检测等高端创新人才及创新主体资源；亟须打开资本对接创新创业通道，推进科技与金融紧密结合，整合各类金融资源要素，打造高端资本集聚转化平台。创新生态系统培育更趋重要，创新适合于科技资源配置和流动的体制机制，积极推动创新主体之间的互动性、创新链条内部的承接性、产业链与创新链之间的衔接性，努力形成依托市场自发形成的创新创业"自然生态"。

（2）信息经济发展面临更剧烈的区域竞争压力。科创大走廊虽然目前发展的态势很好，但是尚未形成信息经济为依托的成熟的发展机制，区域竞争压力巨大。仅长三角地区而言，上海发展物联网产业，宁波开展智慧城市建设，无锡致力于打造世界领先的传感网基地，信息经济的竞争序幕已经拉开，能否抢占先发优势，把握新一轮区域合作和竞争的主动权，有效利用全球信息经济资源和市场，成为推进信息经济建设的关键问题之一。放眼全国，创新的版图上正崛起越来越多的实力超群的区域，与美国硅谷的差距逐步缩小，且已在发展过程中形成自己的竞争优势，北京海淀、上海张江、深圳南山是中国当前最出名的三大科技创新区域。北京中关村正在成为具有全球影响力的科技创新创业中心，深圳南山区正在紧抓国家自主创新示范区、粤港澳大湾区、前海自贸区三区叠加的发展机遇，努力成为国际科技产业创新中心。这些"中国硅谷"的有力竞争者，都是科创大走廊建设全球领先的信息经济科创中心必须面对的挑战。

（3）不可预知因素的增多。科创大走廊在发展的过程中要注重保护生态环境，而西溪湿地、青山湖是科创大走廊里面的重要板块，在经济产业发展的过程中，保护湿地、湖泊的环境面临着很多的不确定因素。在促进科创大走廊的发展过程中该怎样协调保护环境的重任会给科创大走廊的发展带来新形式和新挑战。这些不确定的因素无疑是科创大走廊发展的一个严峻的挑战。科创大走廊能否在发展的热潮中抓住机会，克服威胁，很大程度上取决于不可预知因素的解决情况。

（四）SWOT 综合分析矩阵

根据上述科创大走廊区域的内部能力要素和外部环境要素的定性分析，做出SWOT 分析矩阵（表 7.2）。根据矩阵分析，分别制定科创大走廊的 SO 战略、ST 战略、WO 战略和 WT 战略。

表7.2　科创大走廊SWOT分析矩阵表

内部能力要素 外部环境要素	优势（S） S1：区位和生态优势 S2：科研力量雄厚 S3：创新氛围浓厚 S4：生产力水平前列	劣势（W） W1：起步时间晚 W2：基础设施未完善 W3：内部协调机制欠缺
机会（O） O1：创新驱动战略契机 O2：优厚的政策环境 O3：信息经济产业发展	SO战略： 1. 信息产业引领发展 2. 构筑串珠成链的空间走廊 3. 强化需求导向的创新链条	WO战略： 1. 信息产业高起点发展 2. 打造外联内畅交通体系 3. 政策优势整合内部机制
威胁（T） T1：创新要素集聚竞争激烈 T2：信息经济区域竞争压力 T3：不可预知因素增多	ST战略： 1. 确立大走廊特色竞争优势 2. 新一代信息技术产业集群 3. 部署渠道活跃的资本链条	WT战略： 1. 规划统筹实施 2. 导入品质高效的服务功能 3. 借鉴成熟的产业集群的机制

（五）基于AHP法和Delphi法的区域竞争力量化评价

SWOT 分析矩阵虽被广泛使用，但其最大问题是避开了定量化研究（Panagiotou and Wijnen，2005；Agarwal et al.，2012）。为克服上述 SWOT 定性分析的不足，本章引入 AHP 法和 Delphi 法对科创大走廊的区域竞争力做进一步分析。将科创大走廊发展战略作为 AHP 模型的整体目标，优势、劣势、机遇、威胁作为决策目标，将 SWOT 分析中各个关键要素作为方案层，建立科创大走廊发展的层次分析模型。运用 AHP 法对构建的关键要素指标赋予权重，利用 Delphi 法对各要素指标进行评分。为节省篇幅，具体分析过程略，结果如表 7.3 所示。

表7.3　科创大走廊区域竞争力关键要素判断数据

整体目标	决策目标	关键要素	权重	评分等级	加权分值	综合分值
科创大走廊 发展战略	内部 能力 要素 优势	优越的地理位置和自然生态环境	0.15	4.5	0.675	
		区域内科研实力全国领先	0.35	4.6	1.610	4.385
		生产力水平居浙江省前列	0.30	3.8	1.140	
		创新创业生态软环境良好	0.20	4.8	0.960	
	劣势	起步时间晚	0.25	2.7	0.675	
		区域内基础设施未完善	0.40	3.0	1.200	2.575
		内部协调机制需理顺	0.35	2.0	0.700	
	外部 环境 要素 机会	国家创新驱动发展战略契机	0.25	4.0	1.000	
		浙江省和杭州市优厚的政策环境	0.35	4.5	1.575	4.095
		杭州市良好的信息经济产业环境	0.40	3.8	1.520	
	威胁	创新要素集聚竞争日趋激烈	0.30	2.6	0.780	
		信息经济发展区域竞争压力	0.50	3.2	1.600	2.860
		不可预知因素的增多	0.20	2.4	0.480	

注：本书对优势、劣势、机遇、威胁分别按100%权重之和赋予各要素权重，每一要素的评分等级在1.0～5.0，3.0为平均数。

　　由表 7.3 可以看出，将外部环境要素和内部能力要素分别作为纵、横坐标轴，将优势、劣势、机遇、威胁分析中获得的综合加权分值分别标示在相应的坐标轴上，制作出 SWOT 定量分析战略图，如图 7.2 所示。

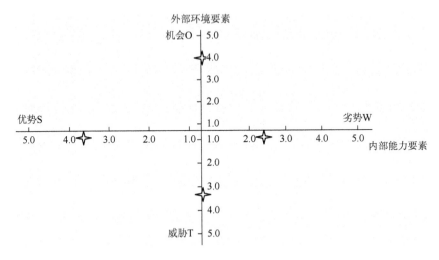

图 7.2　SWOT 定量分析战略图

　　根据图 7.2 可以看出，科创大走廊无疑具有信息经济科创中心的关键基因，其所处的主要战略区域在 SO 区。根据竞争优势理论，资源、能力是竞争优势的基础，建立在资源、能力基础上的核心能力是竞争优势的源泉（Leonard，1992）。这就要求科创大走廊要充分发挥内部禀赋和优势，紧抓难得的历史发展大机遇，有效实现内部运作与外部环境的契合，成为引领浙江省创新发展的主引擎，打造全国创业创新生态的先行区、最优区，在新一轮信息产业变革中树立具有全球影响力的标杆，努力建成全球领先的信息经济科创中心。

（六）结束语

　　当今世界的竞争实质上是产业之间的竞争，突出表现为辐射全球的产业集群及其所依托的具有全球影响力的科技创新中心。规划建设致力于全球领先的信息经济科创中心的科创大走廊，是"十三五"引领浙江全省发展的"创新极"。本节综合 SWOT-AHP 法，对科创大走廊发展的优势、劣势、机会、威胁进行了定性和定量相结合的分析，实证分析表明科创大走廊具有显著的内部禀赋优势和优厚的外部环境机会，应充分发挥内部优势，利用外部机会，向 SO 战略转型，实施积极的增长型战略。

硅谷作为全球最有影响力的科技创新中心，以及作为全球高技术产业集群的典型受到了理论界与产业界的高度关注，对其成功的原因有不同视角的多重解读。Hwang 和 Horowitt（2012）发现硅谷就像不断产生与进化新技术和新商业模式的"雨林"，该区域的成功正是得益于其独特的创新生态系统。目前研究的基本共识是由大学与科研机构、风险资本机构、综合服务机构、人才库、创业精神和创业板市场构成的一个区域创新生态系统是硅谷成功的核心，其中斯坦福大学强大的科技基础实力与科技精英人才成为了硅谷发展的内在核心，创新的"心脏"斯坦福大学与硅谷形成了彼此协同互惠共生的正向促进效应（陈劲和郑刚，2016）。借鉴硅谷良好的创新生态系统发展经验，科创大走廊未来发展要强化浙江大学创新引领作用，充分发挥以浙江大学为首的一批高水平研究型大学的创新引擎作用，同时克服现有科研院所的不足，重点集聚国内外一流研发机构，加快打造国家级创新平台，强化国际创新联盟，源源不断地为科创大走廊创新生态系统提供知识原动力。

第三节　科创大走廊创新生态系统建设的框架构建与政策建议

当今变革时代，创新正日益成为引领发展的第一动力。伴随创新过程的复杂性增加，异质性要素的协同与创新网络的发展等成为创新范式演进的新方向，创新越来越趋向系统性、全面性的综合范式（陈劲和郑刚，2016）。生物学家贝塔朗菲（Bertalanffy）于20世纪50年代首次提出一般系统论，基于其思想，创新演进逐步形成国家创新系统、区域创新系统、产业创新系统、企业创新系统等创新系统观。创新过程也历经简单线性技术推动、简单线性市场拉动、技术与市场耦合、集成并行及创新网络化等演进（Rothwell，1994）。硅谷的持续创新发展，导致了创新生态的提出（曾国屏等，2013）。Hwang 和 Horowitt（2012）通过对硅谷的创新系统研究发现，硅谷就像不断产生与进化新技术和新商业模式的"雨林"，该区域的成功正是得益于其独特的创新生态系统。基于对创新"3.0"范式演变的梳理和分析，李万等（2014）提出，创新范式经历过线性范式、创新系统之后开始进入创新生态系统时代。该系统的主要特征包括多样共生性、自组织演化和开放式协同（刘洪民和韩熠超，2017）。"十三五"时期，国家将创新升至五大发展理念之首，把创新摆在国家发展全局的核心位置，对创新的重视正达到前所未有的高度。2017年7月，国务院出台《关于强化实施创新驱动发展战略进一步推进大众创业万众创新深入发展的意见》，进一步系统性优化创新创业生态环境。实施创新驱动发展战略，呼唤着深化创新生态系统的理论和实践的探讨。本节以科创大走廊的创新生态系统建设为研究对象，构建其机制框架并根据未来全球产业集聚的生态化竞争趋势，对科创大走廊创新生态系统的实施提出政策建议。

（一）创新生态系统研究现状

当前，创新生态系统作为全球化经济变革时代创新创业的重要基础，日益受到研究学者的重视，相关研究主要从创新生态系统理论、创新生态系统的主要影响因素、创新生态系统的运行与演化等三方面来展开。

1. 创新生态系统理论

创新生态系统的概念最先由美国竞争力委员会在《创新美国——挑战与变革》报告中提出，其核心是追求创建创新型和技术领导型的国家。由于创新生态系统是由多层次结构所组成的，学者对于创新生态系统的研究也主要从国家创新系统、区域创新系统、产业创新系统和企业创新系统展开。在现有相关研究中，国家创新生态系统属于宏观层面，区域、产业创新生态系统属于中观层面，企业创新生态系统则属于微观层面。微观、中观和宏观层面的创新生态系统的文献分别研究了产品与服务、技术创新能力的产生和演化过程，反映了创新表现形式由具体向抽象转化，其系统结构则是由表层转向深层。

（1）国家创新生态系统。对于国家创新生态系统的概念，现阶段并没有相对统一的表述，比较有代表性的是 Jackson 提出的"国家创新生态系统是以技术发展与创新为目标的参与者形成的动态经济关系"。有关国家创新生态系统的研究，多数集中于概念、运行模式和激励措施等领域。对于国家层面创新生态系统的研究，国内学者涉猎不多，仅有少数学者从生态学的角度对国家创新体系进行了研究。

（2）区域创新生态系统。Cooke 在对创新系统相关理论总结和当时社会发展的实际需求的基础之上，首先提出了区域创新生态系统的概念。Joseph 总结了区域创新生态系统的规范市场、研发技术、融资、政策制定、发展教育以及技术传播等六项主要功能。国内学者对于区域创新生态系统的研究则主要集中在技术创新和区域经济发展领域，其中黄鲁成等（2013）将生态学的相关理论应用于区域创新生态系统的构建当中，并以此为基础提出了区域创新生态系统的概念。

（3）产业创新生态系统。多数学者认为产业创新生态系统在某种程度上可以视为一种在一定空间和时间范围内由产业集聚及其相关的环境相互作用所组成的一个体系，在该体系内不同个体通过资金、物质以及信息的流动构成一个能够自我组织和自我调节的系统。在产业创新生态系统要素构成的研究中，有学者提出了"五要素构成理论"，即产业创新生态系统是由产业体系、硬件、软件、创新型人才以及外部环境等五要素构成。国内学者对于产业创新生态系统的研究主要针对某一特定的产业进行。

（4）企业创新生态系统。企业创新生态系统从企业的角度出发，通过研究如何使系统内企业充分利用外部环境和资源，从而提升创新系统内部的创新效率，推动系统整体的发展。在对企业创新生态系统的形成机理的研究中，Lambooy 指出企业创新生态系统的形成是以核心企业为依托，依靠高校、科研机构、政府以及金融机构等组织相互作用所形成的网络结构。

2. 创新生态系统的主要影响因素

Foddi 和 Usaia 在对欧洲的区域创新生态系统进行研究时，将区域创新生态系统中的环境因素纳入驱动要素之中，并且尝试将环境因素对区域创新生态系统的创新能力的影响进行量化。而影响区域创新生态系统的环境要素又可以分为内部环境要素和外部环境要素。对于创新生态系统的主要影响因素的研究，国内外学者大多从外部环境和内部环境两方面入手。对于不同层次的创新生态系统，其内外部影响因素也有所差别。事实上，不同的影响因素对于不同层次的创新生态系统常常是模糊的、任意的。

3. 创新生态系统的运行与演化

（1）创新生态系统的运行模式与规律。对于创新生态系统的运行模式与规律的研究，有些学者借助相对成熟的案例进行分析和总结，其中 Fukuda 和 Watanabe 对美国与日本分别在工业时代、信息时代以及后信息时代中国家创新生态系统的发展状况进行了对比，发现国家创新生态系统的发展对于国家经济的全面发展有着非常巨大的推动作用，并总结了美国与日本经济交替持续发展的运行机制。

（2）创新生态系统的演化特征与机理。创新生态系统是一个模拟自然生态系统的概念，在自然生态系统中存在着能量的流动与物质的循环，创新生态系统也存在着类似的循环模式。在创新生态系统中存在着技术、专利和信息的储存和转移，也就是在创新系统内部知识的转移构成了创新生态系统的演进。黄鲁成最先总结出包括稳定性调节机制、多样性调节机制以及静态均衡调节机制在内的三种系统调节机制。另外，对于区域创新生态系统中的创新主体，也存在着通过人们所不能控制的制约因子而发挥作用的制约机制。

（二）区域创新生态系统的基本框架

1. 区域创新生态系统的内涵与理论框架

创新生态系统是由参与创新的主体及其环境相互作用形成的一个开放的有机统一整体（柳卸林等，2015）。区域创新生态系统是指在一定区域范围内，创新主体与创新环境因参与创新的物质、能量、信息的流动相互作用、动态演化和相互依存而形成的具有生态系统特征的网络化创新系统（王凯，2016）。李万等（2014）认为当前创新 3.0 是以创新生态系统为核心特征的创新范式。其特征为生态系统化的跨组织创新，强调竞争情况下的共生，呈现出"需求＋科研＋竞争＋共生"的"四螺旋"驱动模式，相对应的即"政府＋企业＋学研＋用户"的创新主体，即创新生态系统所倡导的政产学研用协同创新的有机整体，系统价值通过"体验＋服务＋产品"来实现，与"政府＋企业＋学研"的"三螺旋"相比，用户的加入成为最大亮点，着重强调创意设计与用户之间的关系，如图 7.3 所示，四大创新主体在创新生态环境下相互影响，相互作用。用户创新是当前开放式创新领域的热点问题，虚拟社区的繁荣发展为用户创新带来新的机会。用户创新尚未真正引起政策制定者的关注，应该针对当前"互联网＋"背景下虚拟社区的蓬勃发展，促进用户创新的发生和扩散（刘洪民和杨艳东，2017）。

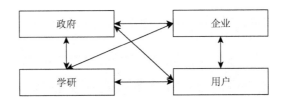

图 7.3　"四螺旋"模式下创新生态系统的多重创新主体

虚拟社区为产学研用多元主体的生态化创新提供了适宜的共生环境（刘洪民和杨艳东，2017）。区域创新生态系统用社区生态化来表示，其基本理论框架如图7.4 所示。社区生态化的创新生态系统，是创新范式演化发展的结果，在创新生态系统中政府、企业、学研、用户等多重主体缺一不可，各主体间通过能量流、物质流、信息流来实现创新主体与环境间的传导，目标是实现创新投入、管理、需求、基础设施等要素的有机结合，从而实现区域内经济的可持续发展。

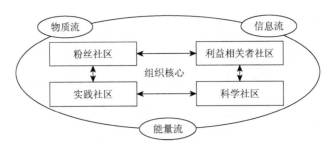

图 7.4　基础社区生态化的创新生态系统理论框架

在此模式下，各主体间通过物质流、信息流、能量流来实现价值交换，促使各创新主体间的互联共通，使区域成为竞争与合作并存的开放动态的创新系统。物质流即实物资本与人力资本，主要需要实践社区和科学社区两个主体发挥作用。能量流即知识资本和金融资本，要求科学社区、实践社区、利益相关者社区发挥作用，能量流在三个流中起主导作用。信息流即市场信息与政策信息，需要分析社区与利益相关者社区的作用，该层面需要政府发挥信息流的主导作用。

2. 区域创新生态系统构成要素基本框架

在自然生态系统中，生物因子和非生物因子共同组成了完整的生态系统（图7.5），其中生物因子由生产者、分解者和消费者所组成，各成分紧密联系，共同构成生态系统的有机统一（陈劲，2015）。

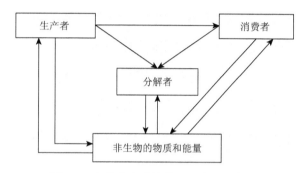

图 7.5　自然生态系统构成要素基本框架

类似地，创新生态系统也由生物因子和非生物因子组成，各个创新主体是创新生态系统中的生物组成部分，创新环境是系统的非生物因子。创新生态系统的构成要素主要有企业、政府、大学及科研机构、孵化机构、用户等多重主体。用户需求是创新的源泉，并贯穿创新的始终，用户的作用更多地体现在企业的产品创新上，为方便讨论，本章将企业和用户合并在一起，将企业及用户、大学及科研机构、孵化机构、政府作为区域创新生态系统的构成要素，各创新主体代表的分别是技术创新、知识创新、服务创新、制度创新，如图 7.6 所示。

从图 7.6 中可以看出，企业是创新生态系统中最主要的构成部分，作为技术创新的主体，其他创新的成果都需要通过企业来实现，承担着技术创新生产者、知识创新消费者、创新产业链分解者的作用，由核心企业和相关的配套与竞争企业组成，同时企业间的竞争与合作也会促进技术创新的进步和创新生态系统的建设。大学及科研机构是知识创新的主要生产者，在促进创新知识产生、培养创新人才等方面发挥着主导作用，与企业一起承担着创新的生产和利用，推动产学研用的合作，是核心创新层的组成部分。政府和孵化机构分别作为制度创新和服务创新的主体，在系统中起到辅助和支持作用，是创新生态系统的重要生物因子。

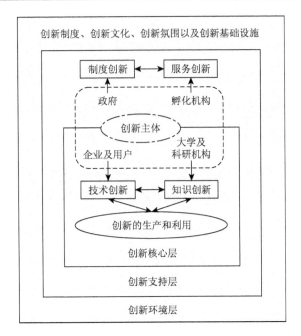

图 7.6　区域创新生态系统构成要素框架图

其中，孵化机构在创新生态系统中还承担着分解者的身份，通过提供资金、人才培训、会计等服务来促进创新的分解和转化，政府则通过相关政策的制定来支持创新生态系统的建设。非生物因子，即外部环境在创新生态系统中主要是指创新制度、创新文化、创新氛围以及创新基础设施，对区域创新生态系统建设有着重要影响。

（三）科创大走廊创新生态系统的主体创新活动分析

基于区域创新生态系统构成要素基本框架，科创大走廊的创新活动主要围绕技术创新、知识创新、制度创新、服务创新展开，政产学研用多重主体在此四项创新活动中功能和作用各异，共同影响着科创大走廊创新生态系统的建设。

1. 技术创新

在创新生态系统的创新核心层中，企业是创新的生产和利用者。企业所承担的技术创新是区域创新生态系统建设中的主体部分，服务创新与制度创新从根本上说是为了推动技术创新，知识创新的价值需要通过技术创新来实现。一般来说，企业技术创新能力高低的影响因素主要有传统决定因素、政府支持力度、企业研发管理三个方面，如图 7.7 所示。就企业研发管理来说，传统主要是指企业内部的创新管理，与技术创新能力呈现正相关。在创新生态系统中，如何利用开放式创新，统筹协调企业内外部研发资源来提升创新能力是企业必须面对的新课题。

就科创大走廊而言，一定要突出企业的创新主体地位，搭建企业内部生态系统。科创大走廊规划要力争用 5 年左右的时间，集聚 1000 家高新技术企业和 1 万家科技型中小微企业。无论何种企业，技术创新能力的提升是关键，企业必须根据自身特点，采用经济适用的技术创新能力积累途径，不仅仅是产品或工艺方面的创新，还包括市场、管理等

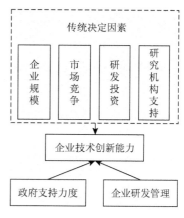

图 7.7　技术创新影响因素

多方面的创新。同时推动产业链上的生态环境建设，这不仅利于企业自身的发展，也利于产业的发展。

2. 知识创新

大学及科研机构是知识创新主要责任的承担者，是创新生态系统的知识生产者。对大学及科研机构而言，知识创新的影响因素主要涉及内在因素和外在因素两个方面，如图 7.8 所示。知识创新在创新生态系统中承担着技术创新知识来源的作用，知识创新的发展需要大学及科研机构更好地发挥在区域创新生态系统建设中的作用。

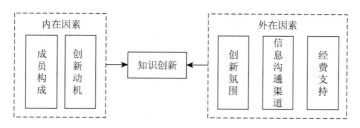

图 7.8　知识创新影响因素

知识创新水平一定程度上代表了基础研究水平和原始创新能力，这实质上是科创大走廊的根基和保障。浙江大学是科创大走廊的发动机，要强化浙江大学创新引领作用，充分发挥以浙江大学为首的一批高水平研究型大学的创新引擎作用，同时克服现有科研院所的不足，重点集聚国内外一流研发机构和大企业研发中心，源源不断地为系统提供知识原动力。

3. 制度创新

在区域创新生态系统的建设中，政府承担着制度创新的责任，为创新生态系

统的建设提供制度与政策层面的保障。如图 7.9 所示，制度创新主要体现在动力机制、整合机制、控制机制、保障机制四个方面。政府所承担的制度创新在创新生态系统中主要起到宏观的把控和支持作用，营造良好的创新氛围，整合分配资源，引导要素有序进行，并提供政策方面的保障以促进创新生态系统的建设。

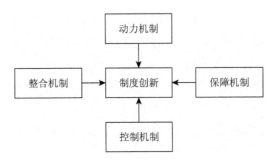

图 7.9　制度创新影响因素

科创大走廊的制度创新可参照北京中关村和杭州国家自主创新示范区等政策加以实施，围绕各类创新主体的需求，提高政府公共服务与企业实际需求的契合度，通过强化针对性的制度供给，实现政府权力的减法、除法换取市场活力的加法、乘法，致力于打造更有效率的政务生态系统。

4. 服务创新

在创新生态系统内，孵化机构承担着分解者的角色，提供多种服务促进创新的分解和转化。孵化机构承担着服务创新的任务，提供企业进行研发、生产的场地，并提供网络与办公的基础设施，给予企业融资、培训等方面的支持，促进企业在初始阶段的健康发展。例如，多元化的资金支撑渠道是国外科技创新园区企业形成具有市场竞争力的技术与产品优势的资金保障。服务创新主要体现在空间设施、支持服务、管理团队、政策资源四个要素，如图 7.10 所示。

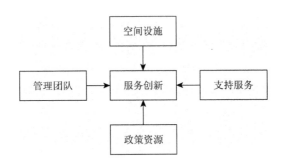

图 7.10　服务创新影响因素

服务创新在区域创新生态系统建设中起着支持性的作用。致力于打造全球领先信息经济科创中心的科创大走廊，应重点推进国际化功能服务配套，加强优质省市级公共服务设施覆盖，完善基础性公共服务设施布局，系统性提升整体建设和服务品质，致力于打造更加和谐的社会生态系统。

技术创新、知识创新、制度创新、服务创新是科创大走廊创新生态系统的主要创新活动，其关键是政产学研用多重主体的有效协同和共演共生。科创大走廊要构建"一带、三城、多镇"的空间布局和完善"互联网＋创新创业"的生态系统，必须建立高效的协同管理机制，要突出特色小镇创新创业孵化作用，发挥专业化科创服务平台作用，强化高校科研院所知识创新源头作用，发挥龙头企业科创引领作用，通过政策引导及制度安排实现多元创新主体优势资源的整合，促进创新生态系统和谐发展。

第四节　科创大走廊创新生态系统建设的对策建议

借鉴硅谷良好的创新生态系统发展经验，依据前述区域创新生态系统建设框架分析，对科创大走廊建设提出四个方面的建议。

（一）全球创新要素的集聚吸引

创新生态系统具备"开放"的基本特性，开放和合作创新已经成为一种必然和必要的选择。科创大走廊在创新方式上应加快由封闭式创新向开放共生式创新转变，联合建设实验室、工程中心、中试基地、技术转移基地，通过互补性协作，形成持续的创新能力，并逐渐向全球创新体系渗透和融合。在全球创新要素的集聚吸引上，政府决策部门要加快政府创新管理的能力迁移，应从创新生态的角度重新思考原有管理模式，从培育更具竞争力的创新生态系统着手，搭建一个更加开放、促进合作的市场环境。

（二）创新生态系统内核心物种的培育和竞争

核心物种，指的是在创新生态系统内占主导地位的产业类别，以及对主导地位内价值提供起决定作用的那些环节的产业者。以平台经济为代表的信息经济快速兴起，形成全球经济新增长点和发展新模式。科创大走廊以信息经济为引领，其主导地位和特色优势必须一以贯之。应立足于打造新一代信息技术产业集群，重点培育若干支撑产业。现阶段阿里巴巴一家独大，未来要从云计算、物联网、大数据、人工智能、分享经济等新技术、新模式发展中培育壮大更多本土创新"引擎"企业，引领科技产业发展。只有成长出一批以信息技术为引领的世界级的创新"引擎"企业，信息经济科创大走廊才真正称得上全球领先。本土创新"引擎"企业的形成是以大量中小企业的存在为前提的，要给小微企业足够的生长空间，给民营企业更多的"阳光"和"雨露"，让大量中小企业能在自由竞争的环境里自然发展，通过野蛮生长、优胜劣汰的筛选机制，最终孵育出一批拥有自主知识产权和知名品牌、具有核心竞争力的本土创新型龙头企业。

（三）创新生态系统内多样物种配套程度的完善和提升

配套程度，指的是创新生态系统内各类物种的多样性、丰富性与匹配度。可以从纵向产业链条的完善程度、横向相关产业或者业务的丰富性与互补性以及第三方服务配套系统三个方面来看创新生态系统内不同物种参与者之间的匹配程度。配套程度需要良好的创新生态环境推动创新载体不断提升，需要雄厚的创投资本搭建起精准高效的投融资平台，更需要优质的政府公共服务以及开放、包容的社会氛围和创业文化。

（四）创新生态系统内创新源头更新力度的加强

更新力度，指的是创新生态系统内主导地位升级换代的潜力，尤其是决定系统内价值提供的最关键、最高端、最源头的核心企业与机构的不断涌现。而创新的源头，通常来自世界级的著名研究型大学。对科创大走廊而言，应着力建设以浙江大学为主的一批创新型、研究型大学，同时克服现有科研院所的不足，重点集聚国内外一流研发机构，加快打造国家级创新平台，增加区域内知识来源和人才供给，持续不断地为科创大走廊注入创新活力。同时应积极推进大学的科研活动与企业、市场的结合，进一步加强产学研的协同与合作。

第八章　战略性新兴产业技术研发的知识流动模型：基于高端装备制造业

高端装备制造业是战略性新兴产业的关键组成部分，是现代产业体系的脊梁，对周边产业产生巨大带动作用。大力发展高端装备制造业是推动战略性新兴产业加快发展、促进产业结构加快转型升级的必然选择。本章以高端装备制造业为例，基于模块化协同的视角，构建了高端装备制造业共性技术研发模块化协同的过程模型、基于共性技术研发业务流程的模块主体协同知识链模型以及协同知识链的知识流动模型，探讨了协同知识链知识流动的若干运行机理，分析了协同知识链中需要研究的关键技术，以期对我国高端装备制造业共性技术研发的知识链管理理论的提升和实践应用提供一定的借鉴。

第一节　问题的提出

经济新常态下，作为创新驱动的主战场，中国制造由大到强对经济的稳定可持续增长至关重要，正如《中国制造2025》战略规划所言，中国要"形成经济增长新动力，塑造国际竞争新优势，重点在制造业……"。要通过《中国制造2025》的组织实施，着力培育具有自主知识产权的关键技术和共性技术，争取先进制造业发展的主导权，来引领和带动整个新一轮中国制造业的发展。

我国虽然已经是世界公认的制造大国，但还不是制造强国。与发达国家相比，我国装备制造业无论从技术水平还是从全球产业价值链中的地位来看，仍存在着明显差距。高端装备制造业是以高新技术为引领，生产制造高技术、高附加值的先进工业设施设备的行业，处于装备制造业高端、价值链高端和产业链核心环节。在世界经济竞争格局正在发生深刻变革和调整、国内加快转变经济发展方式的历史发展新时期，加速培育和发展高端装备制造业意义重大、影响深远。

知识经济时代，知识在促进经济和社会发展中的关键性、战略性作用日益凸显。知识管理是提升组织核心竞争力的战略选择，面对更加不连续的环境的变化，所有组织都要涉及知识的创造、传播、更新与应用等知识管理活动，以提高核心竞争力。现在人们已经达成共识：新技术新产品研发所面临的一个关键挑战就是如何有效地获取知识，以降低创新的风险。技术创新涉及的范围越大，使用的技术越复杂，就越容易受到组织内部与外部变化的影响，从而对知识获取、知识共享和知识支持的要求也就更加强烈（Cooper，2003）。我国高端装备制造业共性技术研发在知识经济背景下需要新的理论指导实践，国内外的实践证明，模块化协同在一种有效的制度安排之下可以实现优势互补、风险共担和共同发展，但产业层面的相关研究多拘泥于产业升级、产业集群模式、竞争优势、组织结构创新、技术创新等问题，缺乏知识链管理层面的理论架构。产业共性技术协同研发过程的本质是知识在各模块中的流动与创新的过程，模块化协同研发的过程中，知识资源分散在多个协同模块，核心模块通过一条无形的知识链将各模块紧密整合成一个动态的组织，通过有效的协同管理实现知识在各模块的有序流动和知识融合。知识链管理的兴起为协同研发过程中的知识流动过程研究提供了新的思路和视角，推动了协同研发中知识资源的开发、共享和利用，加速了协同研发的知识创新（刘洪民和杨艳东，2016）。基于模块化协同的背景，我国高端装备制造业技术研发的协同知识链及知识流动的模型构建、运行机理及关键技术是本章着重探讨的问题。

本章结构安排如下：第二节分析了高端装备制造业技术研发模块划分原则，模块划分一致性检验评价方法，建立了模块化协同的过程模型；第三节分析了制造业共性技术研发的业务流程，工程化设计的知识库结构以及研发过程中的协同知识链模型；第四节分析了协同知识链的知识流动模型及运行机理；第五节简要阐述了协同制造过程中的知识链动态绩效评估；第六节是结论与政策建议。

第二节　模块划分原则及模块化协同的过程

（一）制造业共性技术研发模块划分原则

模块划分是实现模块化研发设计的关键环节。国内外学者基于传统的产品模块划分方法已经进行了诸多研究，例如，国外学者提出了基于产品功能结构方法、基于模块驱动方法、综合考虑功能相互关系与生命周期设计目标相互关系方法、综合考虑 LCOP（life cycle option，生命周期选择）与几何灵活性方法等；国内学者基于复杂网络方法、基于质量屋矩阵方法、基于公理设计与模糊树图方法等也进行了大量研究。然而，从传统产品的研究扩张到装备制造业共性技术的研发后，由于共性技术研发具有的复杂性、不确定性、竞争前技术等，其采用软系统方法来划分模块更为合适，传统的模块划分方法学需要拓展。

产业共性技术协同研发模块具体划分原则和传统的产品模块划分有一定的一致性，但基于协同创新背景下的共性技术模块原则有其特定的属性。

（1）功能独立性原则。功能独立性是模块的最重要特性和最基本特征，模块划分必须和相应功能需求的实现相对应，功能与模块之间有严格的1：1关系，具有无二义性（青木昌彦和安藤晴彦，2003）。

（2）弱耦合性原则。模块弱耦合原则主要是指模块之间的结合强度弱，但模块内部结合的程度高。侯亮等（2004）指出耦合准则主要基于结构交互、能量交互、物质交互和作用力交互等四种交互作用准则，四种交互作用越大，内部耦合性就越大，就应该划分为同一模块。

（3）模块粒度适中原则。对技术研发来说，模块粒度越小，越有利于开发，越有利于满足用户需求；对产品来说，粒度越大，越有利于产品组装，但用户多样化需求难以得到满足（童时中，1999）。另外，模块数量与模块间的接口成正比，模块间接口的增加，将加大整个技术系统的复杂度，增加模块组装过程消耗的时间，增大系统的不确定度，故模块粒度必须要适中。

（4）面向服务设计的原则。基于绿色设计和产品全生命周期管理，技术研发的过程必须要和最终产品的升级服务、拆卸维修、回收再制造等紧密联系在一起。例如，将技术复杂性相同、维护要求和维护频率相同的部件划分成一个模块，这样方便对模块进行运行监控和维护（Bask et al.，2011），将相容或相同性质的材料归为一个模块，可方便材料的分拣、拆卸、回收等（Kimura et al.，2001）。唐涛等（2003）将面向服务设计的原则细分为升级性、维护性、回收再制造三个准则，模块划分时需统筹考虑三者的影响。

（5）面向协同设计的原则。产业共性技术所具有的基础性、外部性、复杂性等基本特征，决定了其多主体协同的研发方式和组织模式，从而达到分散研发风险、缩短研发周期和提高技术能力的目的。协同设计具有分布性、交互性、动态性、活动的多样性等一系列特点，产业共性技术模块划分要适于协同机制和业务流程的划分，最大化并行性和尽可能维持协同个体的独立性。

（二）模块划分一致性检验评价方法

1. 模块一致性检验要求

（1）模块一致性的检验目标，主要包括模块粒度的适宜性检验和模块的功能完备性检验。模块的功能完备性检验主要检验是否满足客户需求，否则说明模块功能不完备，需进一步优化设计；模块粒度的适宜性检验主要是在模块化设计过程中保证实现模块的配置。

（2）模块一致性的检验内容，主要包括模块与客户需求的一致性检验以及模块间的粒度一致性检验。其中在模块与客户需求的一致性检验过程中，基于对客户需求的分类，需要借助客户需求与各模块功能映射模型来判断。

2. 模块划分一致性检验过程

本章提出基于质量功能屋的模块粒度的一致性检验方法，如果质量屋一致性检查通过，则对其配置的质量屋进行决策；如果质量屋的一致性检查不通过，则对质量屋的不一致问题进行分析，确定出导致质量屋中产生不一致问题的关联模块组或模块与需求组，然后再进行循环决策，本章将相关分析理论引入 QFD（quality function development，质量功能发展）应用中进行决策。具体步骤如下。

步骤 1：建立基于功能、性能、服务需求与技术模块的质量屋，对自相关矩阵和互相关矩阵打分。

步骤 2：对客户需求与模块关系矩阵中的相关性和关联强度进行归一处理。

步骤 3：根据归一化后的质量屋中模块矩阵中相关性信息，计算有相关关系的模块特征 M_{j1} 和 M_{j2} 在互相关矩阵中所在列的关联强度相似系数 S_{j1j2}：

$$S_{j1j2} = 1 - \frac{\sum_{i=1}^{m}|a_{ij1} - a_{ij2}|}{n} \tag{8-1}$$

其中，a_{ij1} 为第 i 项服务需求与第 j_1 项模块之间的相关度；a_{ij2} 为 i 项顾客需求与第 j_2 项模块之间的相关强度；m 为与第 j_1 项模块或第 j_2 项模块存在相关系数的服务需求个数；n 为进行相关度比较的个数。其中，$0 \leqslant S_{j1j2} \leqslant 1$，$S_{j1j2} = 0$ 表示完全不相似，$S_{j1j2} = 1$ 表示完全相似。

步骤 4：计算模块自相关强度 δ_{ij} 与相似系数 S_{j1j2} 之间的相关系数 $r_{\delta s}$：

$$r_{\delta s} = l_{\delta s} / \sqrt{l_{\delta \delta} l_{ss}} \tag{8-2}$$

其中

$$l_{\delta \delta} = \sum \delta_{j1j2}^2 - \frac{1}{K}\left(\sum \delta_{j1j2}\right)^2 \tag{8-3}$$

$$l_{ss} = \sum \delta_{j1j2}^2 - \frac{1}{K}\left(\sum \delta_{j1j2}\right)^2 \tag{8-4}$$

$$l_{\delta s} = \sum \delta_{j1j2} s_{j1j2} - \frac{1}{n}\left(\sum \delta_{j1j2} \sum s_{j1j2}\right) \tag{8-5}$$

$S_{j1/2}$ 为模块 M_{j1} 和 M_{j2} 之间的相关强度；$r_{\delta s}$ 为 M_{j1} 和 M_{j2} 间的相似系数。$r_{\delta s}=0$，表示模块自相关强度与相似系数之间不相关；$r_{\delta s}>0$，表示模块自相关强度与相似系数呈正相关；$r_{\delta s}<0$，表示模块自相关强度与相似系数之间负相关。

步骤 5：对模块自相关强度和相似系数之间的相关系数 $r_{\delta s}$ 进行假设检验。对于相关系数 r_{ps} 的假设检验，采用 T 检验法：

$$t = r_{\delta s}\sqrt{n-2} / \sqrt{1-r_{\delta s}^2} \sim t_{n-2} \qquad (8\text{-}6)$$

如果 $r_{\delta s}=0$ 的假设检验不成立，表明模块自相关强度与相似系数呈正相关，则一致性检验通过；否则，需要修改并重新检验，直到一致性检验通过。

（三）共性技术研发模块化协同的过程模型

高端装备制造业产业共性技术研发的复杂性、高风险性等系列特征，决定了模块化协同研发的必然性。模块化协同研发的优势主要体现在三个方面：一是技术模块化后，可以通过有效的分工使复杂的创新过程简单化；二是模块化内部工作的开展相对独立，方便实现对平行作业进行协调；三是模块化结构后产生冗余，对子系统的不确定性更有利于控制。模块化分工的实质是知识分工，模块化的本质在于通过体系结构和标准界面的建立，降低了知识之间的相互依赖性（芮明杰和陈娟，2004；董秋霞和高长春，2012）。相比于一般的专业化分工，基于模块之间知识一定程度上的相互独立，模块化分工具有半自律的特点，且模块与设计规则之间内生地具有相互增强机制，从这个层面上说，模块化是基于生产知识集成条件下的技术或产品功能分工，本质是基于知识的分工方式（张琰，2008）。

基于创新对象的角度，不同模块间的协同过程需要多层的互动、交流与合作，保证系统的整体性以及创新的协同性，实现整体效果最优化的创新方式，创造更符合客户需要的产品，提升顾客价值。如图 8.1 所示的模块协同研发的过程模型（张琰，2012），模块化协同的第一阶段是模块划分与模块之间的协同，在设计规则指导下形成基本模块（功能性模块，图中模块 1、模块 2、模块 3）和系统集成与检测模块（检测模块的系统集成性）两类模块（青木昌彦和安藤晴彦，2003），两类模块通过协同提高创新效率；第二阶段是系统集成与检测，旨在保证模块知识创新的共同进步和系统的整体性能；第三阶段是反馈修正与知识学习阶段，修正与知识学习是双向的，不但集成检测模块将测试结果反馈给各功能性模块，同时各个模块也将学习改进后的知识再反馈到系统集成检测模块；第四阶段是模块优选组合与技术创新，通过系统集成检测的最优秀模块被系统选择，最终的技术集成了单个功能模块的最佳知识创新。

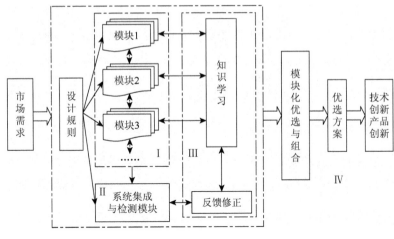

图 8.1　模块协同研发过程模型

第三节　基于共性技术研发业务流程的协同知识链的构建

（一）制造业共性技术研发的业务流程

对高端装备制造产业来说，产业共性技术研发一般分为五个阶段（图 8.2），反映了从技术研发的概念设计、初步设计及评估、详细设计（工程化）、生产设计、技术修改支持直至研发成功的一系列有序的、可组织的、有目标的活动流程（刘洪民和杨艳东，2016）。第一，概念设计阶段，概念设计是研发的最初始阶段，是设计过程中最重要、最复杂、最不确定但对产品价值过程最有决定意义的设计阶段；第二，初步设计阶段，根据用户的实际需求和相应的技术规范，确定主要技术参数；第三，详细设计阶段，详细设计阶段是关键阶段，基于模块划分，确定主要部件结构和材料选型的阶段；第四，生产设计阶段，技术图纸和有关规范分解成施工图纸和技术文件，据此进行生产；第五，技术修改和技术支持阶段，生产过程中的部分技术问题可能需要反馈至研发的初始阶段进行修改。除此之外，在产品试运行阶段和保修阶段也会要求技术支持。

图 8.2　高端装备制造业共性技术研发业务流程

（二）面向高端装备制造业共性技术研发业务流程的知识管理

在高端装备制造业共性技术研发业务流程的五个阶段中，概念设计阶段、详细设计阶段、生产设计阶段起着决定性的作用，在现实环境研发过程中的知识管理也具有不同的特点。概念设计是设计的起始阶段，需要遵循从分析功能，到确定主体结构，再到参数选择这样的逻辑结构。概念设计是产品设计过程中最重要但不确定性最强的阶段，这是因为其处在技术研发生命周期的早期，知识一般呈碎片化的状态，并且知识联系错综繁杂，给设计研发人员的知识获取带来很大困难。针对概念设计阶段的特点，可以建立该阶段的参数知识网络模型，将显性知识进行组织并进行隐性知识的挖掘，使相关知识有序化，帮助设计人员高效地将客户需求转换为技术功能，进而对技术研发结构进行设计，提高知识利用效率和研发设计效率。

面向高端装备制造业共性技术研发详细设计和生产设计知识管理的核心是机电一体化的知识库体系建设。如图8.3所示，工程化设计的知识库由原理方法库、功能元设计库、驱动元件库、专家指导库、方案评价方法库等基本的知识库模块组成。知识库模块中各模块所起的作用是不一样的，重要程度也不同。例如，涵盖机电一体化系统的驱动元件及执行机构的驱动元件库，具有大量实用的功能载体以满足功能元的功能需求的基本运动功能载体库，储存有机电一体化系统中常用关键件的名称、工作原理介绍以及应用特点与参数选择范围的检测功能载体库等对实现可控运动起到核心作用。设计知识管理有文件编制系统、设计过程管理冲突求解器、设计过程追踪、应用程序说明书等。设计方案的产生采用人机交互的方式。

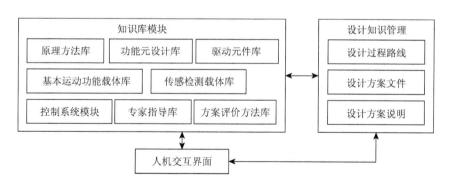

图8.3　共性技术研发工程化设计的知识库结构

（三）共性技术研发过程中的协同知识链模型

制造业共性技术协同研发过程的本质是知识在各技术模块中的流动与创新的

过程，企业在协同研发的过程中，知识资源是分散在多个协同技术模块中的，核心技术模块通过一条无形的知识链将各技术模块紧密整合成一个动态的组织，通过有效的协同管理实现知识在各技术模块的有序流动和知识融合。知识链管理的兴起为协同研发过程中的知识流动过程研究提供了新的思路和视角，推动了协同研发中知识资源的开发、共享和利用，加速了协同研发的知识创新（刘洪民和杨艳东，2016）。

从 20 世纪 90 年代开始，国内外学者开始研究知识链的相关理论，目前尚无统一的知识链定义，但基本都强调知识的网链结构和增值性（顾新等，2003；程强和顾新，2014；胡园园等，2015）。已有的知识链研究大部分仅对企业产品或技术研发过程中的某个阶段或企业中的某个部分进行知识管理和协同，而不是从研发的概念设计阶段到生产设计阶段再到产品量产的整个协同研发过程进行协同。同时，对知识链的研究只偏向于概念、模型和运行机理。知识链协同能力将对知识的创新效率和组织的稳定性产生重要影响，近年来，知识协同的现象开始涌现，已成为企业知识管理和协同化的发展趋势。而对知识协同理论与方法的研究刚刚处于起步阶段，因此，知识链的协同是一个值得关注的重要研究方向。

与知识链强调知识的网链结构和增值性相比，协同知识链（collaborative knowledge chain，CKC）更突出知识链运行过程中各组织单元的协同性。本章认为，协同知识链是指以围绕某一知识型产品或关键技术为基础，以实现知识共享和增值为目的，通过采用协同技术、管理和控制技术等，将参与该任务的各知识单元有序链接起来，形成的一个网状动态结构，以实现知识的鉴别、获取、消化应用、存储共享和增值。协同知识链基于知识流在各知识单元的转移与扩散而实现知识的集成与创新。如图 8.4 所示，本章依据高端装备制造业共性技术研发的实际业务流程建立技术模块主体的协同知识链模型。

在整个共性技术协同研发业务流程中，知识链的核心体现在知识鉴别、知识获取、知识消化、知识存储、知识共享及知识增值的知识管理过程，如表 8.1 所示。在此过程中，起始阶段是协同模块主体利用知识搜索、知识地图等对已有知识和缺乏的知识进行分析，确定所需求的知识，此为知识鉴别阶段。知识鉴别为知识获取阶段奠定了基础，知识获取是真正意义上的整个知识管理流程的基础。同样地，协同主体在知识获取的基础上，进行知识消化和吸收应用有关新技术、新知识，从而丰富充实自己的隐形知识库。第四、五阶段为知识存储阶段和知识共享阶段。从知识鉴别到知识共享的知识管理流程最终体现为协同主体竞争能力的提升。图 8.4 所构建的协同知识链模型反映了协同技术模块核心竞争力和知识的本质联系，体现了知识链的内部机制以及协同研发过程内部知识的新陈代谢。

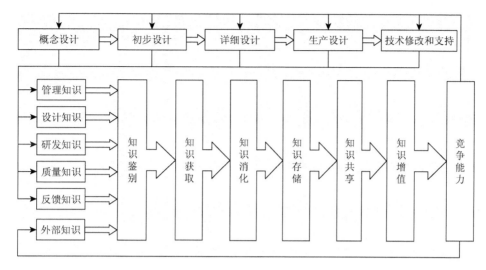

图 8.4　基于共性技术研发业务流程的协同知识链模型

表 8.1　知识链模型中的主要活动

主要活动	活动功能	在协同研发中的表现形式
知识鉴别	对已有和缺乏的知识进行分析；利用战略规划、业务流程分析、知识搜索、知识地图等方法鉴别为组织所用知识	通过协同研发平台和外部搜索途径查询与协同任务相关的信息
知识获取	组织内部知识的梳理、分类、汇总；从公开知识源、客户、竞争对手、供应商等方面获得知识	研发联盟、合作伙伴、调研培训、引进人才、购买技术和信息等
知识消化	从现有的信息资源中选择协同研发任务所需的知识，结合具体的情景，解决实际问题	改进联盟的文化、内部培训、各知识库内部知识的整合等
知识存储	已有知识的过滤、分类、存储和索引、更新与维护，增加组织的知识资源	从知识消化中得到的知识中提取凝练，有序化、模块化、封装化，应用到协同研发任务中
知识共享	员工、团队、组织之间知识的交流、互补和增强	共享范围广、效果好的知识
知识增值	将知识融入协同任务中，实现知识资产的增加	新理论、新模式、新方法、新技术、新服务、新流程等

第四节　协同知识链的知识流动模型及运行机理

（一）模块主体与协同平台间的知识流动模型

图 8.4 所示的协同知识链模型只是体现了协同研发过程中单个的技术模块主体的知识管理流程，并不能体现协同技术模块承担主体与协同研发平台之间

工作流和知识流的内在联系。因此，在此基础上建立反映协同技术模块主体与知识平台间内联的协同知识链知识流动模型，如图 8.5 所示（刘洪民和杨艳东，2016）。

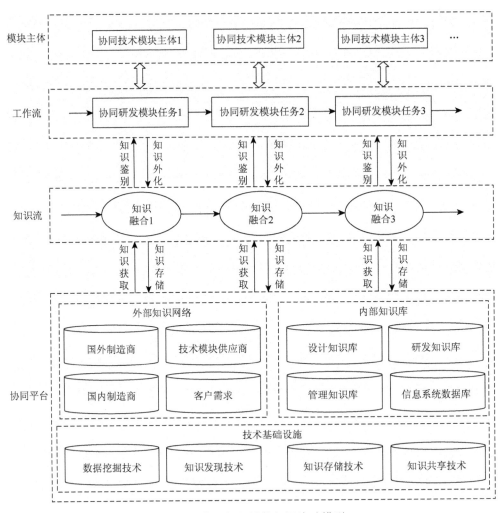

图 8.5　协同知识链的知识流动模型

该知识流动模型比较直观地反映出协同技术模块主体与平台之间的知识流动关系，以及协同知识链工作流与知识流的协同关系。协同知识链的执行主要依靠工作流执行工具和知识管理工具的协同运行。协同知识链的运作阶段具体体现为工作流与知识流的协调运行。工作流是定义好的协同技术模块主体的业务流程，具体表现为有序的协同研发任务；知识流是知识的流动过程，它的每个活动节点都对应着一个知识节点，知识节点完成知识融合及其辅助性的任务。

知识流动模型的最上层为协同研发的模块主体，制造业共性技术的密集性、复杂性、高度的不确定性等决定了多主体协同研发的必然选择。这是整个知识管理系统的灵魂，知识管理平台的创新能力的提升，技术研发的成功和效率最终要依靠承担模块的主体协同来实现。

该知识流动模型系统架构的最底层为支撑的协同平台，负责管理知识库和协同工具等。在整个协同技术模块主体与协同平台之间的知识流动模型中，协同平台的建设处于重要地位，阻碍我国制造业企业或研发联盟知识管理绩效提升的很多瓶颈因素都归结于知识管理平台的基础支撑能力较弱。知识库是知识流动模型系统的重要基础组成部分，研发知识管理系统内外部获取的知识以及经过知识消化、知识共享、知识增值的知识都沉淀在知识库中，知识库的构建和高效管理运作是共性技术协同研发知识管理平台进行知识服务的基础条件，是平台进行技术研发服务的依托和保障。知识库主要分为三类。第一类是外部知识网络，这是连接外部知识的接口。组织外部创新搜寻是快速提升组织（企业）创新绩效的有效途径之一，这需要组织构建强大的搜寻能力，以便快速和有效地寻找外部知识源，通过各种方式从这些知识源中获得所需的互补型知识或增强型知识（何郁冰和梁斐，2013），这对于处在全球价值链中低端的我国制造业共性技术研发具有重要意义。外部知识管理实现的重要手段和工具是建立完备的知识地图和知识库，特别是客户需求导向的客户需求知识地图和知识库，以及事关企业战略性方向的竞争对手（国内外制造商）和研发型公司（技术模块供应商）的知识库。第二类是模块主体的内部知识库，主要有功能元设计标准化库、驱动元件库、控制系统库、传感检测载体库等组成的机电一体化基本知识库，以及专家指导库、方案评价方法库、交互设计跟踪库、界面问题协调库等组成的基本原理方法大类知识库，这是知识平台的核心，是技术研发设计各阶段知识获取的重要途径。第三类是知识进行转化的工具，也是支撑平台的技术基础设施，包括数据挖掘技术、知识发现技术、知识存储技术、知识共享技术等。

模型的中间层反映的是整个协同知识链工作流与知识流的协同关系，具体业务逻辑过程如下：协同技术模块主体在执行工作流的协同任务时，把相应的知识传递到知识流的知识节点上，知识节点通过系统中的知识获取工具从知识库中获取已有的知识，对它们进行知识融合，在执行活动的过程中不断更新知识并保存到系统数据库中。任务执行完后，工作流导航到下一个研发任务，相应地，知识流也将运行到下一个知识节点，直到完成所有任务。

（二）协同研发过程中的知识链特点

（1）协同性。协同知识链中的各类知识按照一定的业务流程在各知识单元中流动，高效的提供知识服务。知识在链式网络的流动过程中严格按照一定的业务流程进行，在此过程中，各知识单元在知识链中高效地提供知识服务。知识链的高效运作要求各单元的知识活动在知识鉴别、知识获取、知识消化、知识存储、知识共享、知识增值的过程中具有协调性和互补性，保证知识链的运营效率和知识产出率。

（2）动态性。知识链的动态性主要包括两个方面的含义，即结构的动态性和知识流动的动态性。结构的动态性是指各知识单元都是为了特定的商业或技术目的而参与到产品的协同研发过程中，核心技术模块和知识单元之间组成一个临时的组织，随着知识服务和功能的完成，组织自动解散。知识流动的动态性是指协同技术模块根据业务流程的需要，随着研发节点的不断推进，动态地提供知识输入和输出的知识服务。各协同技术模块的知识流有序地汇聚到协同研发平台上，形成一条或多条有序的、动态的知识流。

（3）增值性。知识链中各技术模块主体不仅从外部知识源和知识链中获取有价值的新知识，实现自身知识的增值，而且将新知识输入知识链中，与原有知识有机结合，经过知识融合后产生新知识，将它们直接应用到产品和服务中，提高产品的知识含量，提高企业竞争优势，为企业带来收益，既实现了企业的资本增值，又促进了知识的发展。

（4）自学习性。每一个协同模块主体都具有自学习性，可以从外部知识源，也可以从知识链上各节点上的共享信息中提取有价值的知识进行学习。但知识链上每一个知识单元不是从个体需求出发，而是从整个知识链的需求角度去学习，拓展需求知识的深度和广度，提高组织的知识创新能力。

（5）分布集成性。协同知识链由多个知识单元组成，这些单元在空间上可以分布在不同的地域甚至跨越国界，这种地域上分散的缺点可以在计算机网络技术支持下通过信息集成得以弥补，通过网络化协同制造平台来完成知识学习、转移、融合等。

（三）知识链知识流动的若干运行机理

（1）协同知识链形成的动因是知识单元（如协同研发联盟的各研发单位主体）对知识或价值的需求而产生的。在协同研发联盟中，每个主体因在各自的主要知识领域内知识存量的不同而造成知识势差，转移和共享的知识为互补性知识或增强型知识，获取的是性价比较高的知识资源。知识链的核心技术模块管理整个知识链，并协调、调度、评估各个技术模块的服务，保证知识链的稳定性和有效性，提高知识链的创新性。

（2）组成协同知识链的各技术模块主体的创新能力对知识链的创新能力有重

要影响。核心知识单元一般具有特殊知识优势（如技术、品牌、管理、市场等）。其他知识单元可以是有自身优势的大学、研究机构、区域特色企业等。核心知识单元的创新能力对知识链的知识创新能力有直接的、决定性的影响。协同技术模块承担主体单元的创新能力越强，对知识链中知识增值的贡献度就越大。

（3）协同知识链形成的表现是知识在各协同技术模块承担主体单元之间的流动。协同知识链中一旦出现有序的知识流动，则说明该知识链已经形成并开始运转。知识流动的规模和速度分别反映了协同技术模块承担主体单元间知识的转移规模和知识链的运行效率。知识流动越快，知识链运行效率越高。

（4）协同能力决定了知识链的创新效率。协同技术模块主体各自创新能力对整条知识链的创新能力有较大影响，而协同能力则对知识的创新效率产生重要影响。技术模块主体的协同性越高，则知识链中各协同效率就越高；反之，效率越低。

（5）协同知识链的执行主要依靠工作流执行工具和知识管理工具的协同运行。协同知识链的运作阶段具体体现为工作流与知识流的协调运行。工作流是定义好的协同技术模块主体的业务流程，具体表现为有序的协同研发任务；知识流是知识的流动过程，它的每个活动节点都对应着一个知识节点，知识节点完成知识融合及其辅助性的任务；协同研发平台管理知识、协同工具等。其具体业务逻辑过程如前所述，协同技术模块主体在执行工作流的协同任务时，把相应的知识传递到知识流的知识节点上，知识节点通过系统中的知识获取工具从知识库中获取已有的知识，对它们进行知识融合，在执行活动的过程中不断更新知识并保存到系统数据库中。任务执行完后，工作流导航到下一个研发任务，相应地，知识流也将运行到下一个知识节点，直到完成所有任务（图8.5）。

（四）协同知识链中需研究的关键技术

1. 协同技术

协同能力对协同知识链的有效运行会产生较大的影响，协同能力越强，完成任务的能力就越强，获得知识的效率就越高，组织越稳定；反之，完成任务的能力就越弱，获得知识的效率就越低，组织凝聚力就越弱。如何选择合适的协同技术来协调各技术模块的运行，是协同知识链亟须解决的一个关键技术。

2. 协同模块自学习技术

协同模块单元在参与协同研发的过程中，不仅提供知识服务，还可以协同制造平台和外部信息源进行自学习，从而实现个体知识的增值。常用的自学习技术有遗传算法、BP 神经网络、贝叶斯网络、模糊神经网络等。采用合适的自学习技术，可以提高学习的效率，提高整个知识链的知识增值性。

3. 知识融合技术

知识融合（knowledge fusion，KF）是知识科学和信息融合的一个交叉学科，2000 年以来开始受到国内外学者的重视，国外对知识融合尚未有公认的统一定义，其研究内容和方法还处于不断发展中。知识融合通过对分布式数据单元和知识单元进行组织和管理，结合需求对知识进行转化、集成和融合等处理，从而获取有价值或可用的新知识。知识融合对知识系统的交互、集成和协同工作、知识服务质量的优化等方面有重要的意义。

知识融合技术在面向协同研发的知识链模型中涉及了知识签别、知识获取、知识消化、知识存储、知识共享、知识增值六个阶段。知识融合的过程实质上就是知识创造的过程。现阶段知识融合方法有模糊逻辑理论、神经网络法、贝叶斯方法、D-S 证据理论法等。

4. 协同研发知识链稳定性控制机制与方法

协同研发知识链的组织形式是动态研发联盟，其典型特点是动态性。动态联盟是一个高风险的临时性组织，其联盟是否获得成功就取决于整个联盟的运作是否能够很好地运转。需要研究多种不同情况下的系统稳定性和风险管理机制，而要如何将这些机制协调好并避免冲突，是非常重要的。

5. 协同研发知识链评估模型和方法

协同研发知识链的评估模型主要包括两个方面的评估：首先，在建立知识链的过程中，要对各协同技术模块承担主体进行特定能力评估，选择最佳的协同技术模块主体；其次，在知识链的运行过程中，要动态地对协同技术模块主体的绩效进行评估和监控，这样有利于对协同研发知识链的稳定性控制和运行。

第五节　协同制造过程中的知识链动态绩效评估

协同知识链绩效评价是衡量知识链本身运行状况的重要手段。通过数据采集、分类、整理、分析和计算等步骤，对各个协同制造单元的关键运行指标进行实时量化处理，得到某一时刻的定量化运行数据，并据此作出相应决策，保证知识链的稳定、有效运行。通过对多个不同时刻知识链绩效数据的统计，可以绘制出知识链运行绩效图，作为决策管理和预测的重要参考依据。

（一）协同知识链绩效评价过程

在调研的基础上，构造了一个面向协同制造的协同知识链绩效评估流程。过程如下：①通过考察、咨询等调研活动，根据专家意见确定评价指标体系，建立层次结构模型；②建立协同制造单元绩效评估数学模型；③建立系统总绩效值的数学模型；④实时评估知识链运行到不同阶段的绩效值；⑤绘制协同知识链实时绩效曲线图，为管理者决策和预测提供参考依据。

（二）建立协同知识链绩效评价指标和层次结构模型

建立协同知识链绩效评价指标体系和层状结构模型是协同知识链绩效评估的关键。影响协同知识链运行的因素很多，根据企业调研情况与专家的意见，我们归纳出图 8.6 所示的协同知识链绩效评价指标体系模型。

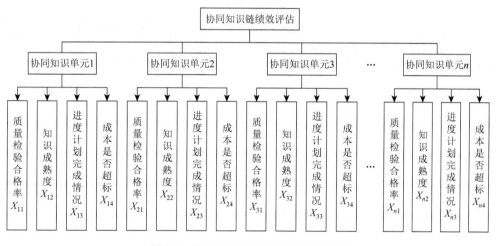

图 8.6　协同知识链绩效评价指标体系

（三）协同知识链绩效评价算法设计

由于协同知识链动态绩效评估的特殊性，在结合其他绩效评估方法的基础上，设计了协同知识链的绩效评价算法，具体步骤如下。

步骤 1：确定评价指标体系。设知识链由 m 个协同制造单元组成，即 $D_1, D_2, \cdots, D_m$，每个知识单元有 n 个评价指标，即 $X_1, X_2, \cdots, X_n$。

步骤 2：对评价指标体系的定性和定量值进行规范化处理，将具体评价指标表示成数学矩阵形式，建立规范化矩阵 D：

$$D = \begin{bmatrix} x_{11} & \cdots & x_{1j} & \cdots & x_{1n} \\ \vdots & & \vdots & & \vdots \\ x_{i1} & \cdots & x_{ij} & \cdots & x_{in} \\ \vdots & & \vdots & & \vdots \\ x_{m1} & \cdots & x_{mj} & \cdots & x_{mn} \end{bmatrix} = \begin{bmatrix} D_1(x_1) \\ \vdots \\ D_i(x_i) \\ \vdots \\ D_m(x_m) \end{bmatrix}$$

$$= [X_1(x_1) \ \cdots \ X_j(x_j) \ \cdots \ X_n(x_n)]$$

步骤 3：计算协同制造单元的绩效值，建立关于 v_i 的权重规范化矩阵：

$$v_i = x_{ij}w_j, \quad i = 1,2,\cdots,m; j = 1,2,\cdots,n$$

其中，w_j 为第 j 个评价指标的权重系数，本章采用 Delphi 法来确定；v_i 为 m 个协同单元的绩效值。

步骤 4：计算协同知识链总绩效值 P：

$$P = v_{1i}n_{i1}, \quad i = 1,2,\cdots,m$$

其中，n_{i1} 为第 i 个协同制造单元的权重系数，本章采用 Delphi 法来确定；P 为 m 个协同知识链总绩效值。

（四）总结

协同制造过程中的知识链运行状况评估是一个定性问题，如何将定性问题进行定量化处理是一个难题。本章建立的协同知识链评估模型可以定量地描述知识链在运行过程中的实际状况，避免了主观性和盲目性分析，为决策管理提供了科学合理的依据。但是，如何建立更加合理的评价指标体系和权重系数，如何在定量评估过程中考虑到各因素内部的关联性，在未来的研究工作中仍需完善。

第六节　结论与政策建议

高端装备制造业是国家综合实力和技术水平的集中体现，决定了大力发展高端装备制造业，是我国在世界经济竞争格局发生深刻变革和调整新形势下，促进经济社会发展进入创新驱动、内在增长轨道的必然选择，也是构建国际竞争新优势、掌握发展主动权、重塑中国在全球产业价值链中的地位的重要举措。产学研多主体模块化协同是高端装备制造业共性技术研发的主流创新模式，而知识管理对组织的发展起着决定性作用，协同知识链的运行绩效决定着协同研发绩效和组织的竞争能力。本章构建的基于共性技术研发业务流程的模块主体协同知识链模型以及协同知识链的知识流动模型较好地反映了制造业共性技术研发的知识管理流程，能够对我国高端装备制造业共性技术研发的知识管理理论的提升和实践应用提供有益的借鉴。需要说明的是，本章构建的模型基本上基于离散型制造业，特别是复杂装配产品类型的高端装备制造业。不同的制造业行业的技术属性不同，其产业共性技术的创新过程、技术学习方式和知识管理的绩效也就呈现一定的差异性，模型在向流程型制造业和其他行业推广时，应加强其适应性和可行性分析。同时，本章尚属探索性研究，构建的理论模型需要继续结合具体的制造业共性技术研发的知识管理实践活动，使之在管理实践上更具应用性。

知识链的形成是高端装备制造业共性技术协同研发过程中实现技术和产品创新的原动力。未来组织的竞争实质上是知识链管理之间的竞争，结合本章所构建的协同知识链模型和知识流动模型，从提高知识链管理绩效的角度对我国高端装备制造业共性技术协同研发提供如下建议。

第一，促进高端装备制造业共性技术 R&D 战略联盟建设，进一步加强模块化协同研发和战略性合作。特别是基于面向服务的思想，建立协同研发、制造服务模式，使分布在不同地域的模块主体能够在动态组成的虚拟组织中完成资源共享和协同工作。完善协同知识链的自组织、自适应能力，提高制造服务链的动态响应水平，从而提升协同研发模块主体之间协同研发制造能力。

第二，加强知识管理协同平台的建设。协同研发的知识管理平台，为不同协同技术模块承担主体间的信息交互和研发、制造协同提供了一个标准环境。未来应加强平台知识库建设和知识挖掘技术的提升，使知识动态性、知识地图可视化程度、知识模块分布集成性更强，基于该平台可以有效地实现共性技术协同研发、制造、服务匹配及协同知识链的快速构建，为建立松散耦合、互操作强的共性技术协同研发网络联盟提供基础。

第三，加强协同知识链和知识流动的关键技术研究和应用，提升知识链的增值性。协同知识链中各模块主体不仅从外部知识源和知识链中获取有价值的新知识，实现自身知识的增值，而且将新知识经过知识融合后输入知识链中，将它们直接应用到技术研发中，促进知识的发展和协同知识链的资本增值。协同知识链中需研究的关键技术包括使各技术模块高效运行的协同技术、体现知识链知识创造的知识融合技术、提高协同研发知识链稳定性的控制机制与方法等，为确保协同知识链的高效稳定运行和提高增值性提供良好的技术基础支撑。

第九章　战略性新兴产业技术研发的知识管理流程评价

战略性新兴产业技术研发具有高度不确定性、研发周期长、研发的投入多等特征，并且具有显著的知识外溢性，通过产学研多主体协同开展技术研发已逐渐成为一种主流创新模式（刘洪民等，2016a）。知识经济时代，知识和知识管理的重要性日益凸显，产业技术研发的管理已进化到知识管理时代，基于产业技术研发流程探讨知识的获取、应用、共享、创造和转移等知识管理流程活动，将给战略性新兴产业技术研发创新提供一个新的视角。本章通过理论归纳和实证研究，对战略性新兴产业技术协同研发的知识管理流程绩效评价进行深入分析，构建指标体系和评价模型并进行实例验证。

第一节　知识管理流程评价原则

知识管理绩效评价是知识管理的一个重要环节。组织的实施绩效是检验组织知识管理成功与否的重要标准，对评价者来说，首先需要明确的评价对象是知识抑或知识管理。如图 9.1 所示，对知识和知识管理的评价，分别包含对中间态和结果态两种状态的评价方法，中间态是评价在达到最终结果的过程中的某一状态，结果态是评价最终结果。对知识管理中间态和结果态的有效评价可以动态反映出组织知识管理的变化发展状况。本章研究的重点是对战略性新兴产业技术研发的知识管理流程绩效进行评价，评价指标体系侧重于知识管理的中间实施过程。

图 9.1　知识和知识管理评价框架

知识管理评价指标的科学构建是衡量知识管理绩效的主要载体，是检验组织知识管理成功与否的关键因素，对知识管理评价指标体系的构建原则，众多学者提出了定性和定量相结合的原则，坚持科学性、客观性、系统性、功能性、动态性、实用性、可行性原则，注重层次性、细分性、可操作性、可比性、可预测性原则，加强目的性、开发性原则等。所有这些原则都是从一定的角度出发所作出的判断，具有一定的科学性，本章不再赘述。本章需要强调的是，基于知识自身的抽象性、知识管理的复杂性以及组织外部环境的千差万别，很难构建一个普适性的指标体系用于各种组织知识管理的评价。根据战略性新兴产业的演进规律、产业共性技术的研发特征以及多主体协同创新的特点，坚持需求导向、促进创新、注重实效的三项基本原则，有利于对战略性新兴产业共性技术协同研发的知识管理流程绩效作出更加科学的评判。

1. 需求导向原则

不同的组织、部门、人员对知识的需求不同，知识管理方式也不尽相同，在评价知识或知识管理时，应针对特定应用领域和特定应用环境进行评价。针对战略性新兴产业共性技术研发的知识管理评价指标体系，坚持需求导向需着重考虑两方面特定重要因素：

第一是共性技术研发的协同特征。产业共性技术研发的准公共产品性质和"竞争前"技术特点，以及共性技术所具有的基础性、外部性、复杂性等基本特征，决定了研发的高复杂性、高投入和高风险性，决定了其多主体协同的研发方式和组织模式。协同主体各自创新能力对研发知识链的创新能力有较大影响，协同能力对知识的创新效率会产生重要影响，因此知识管理评价指标设计时必须坚持共性技术研发的协同需求导向。

第二是战略性新兴产业的演进特征。战略性新兴产业具有典型的阶段性演进特征，战略性新兴产业的发展为产业领导者地位的确立和后发国家实现经济赶超提供重要的"机会窗口"，现阶段战略性知识管理的重点是外部知识的获取和掌握能力，企业有效利用外部知识的能力是企业创造价值的重要来源。基于战略性新兴产业的知识管理评价体系必须坚持技术研发的外部知识管理的需求导向。

2. 促进创新原则

创新驱动是经济发展新常态下我国经济和社会发展的基本战略。对组织而言，创新是一个组织持续发展的主要源泉，也是知识管理的重要目标。面对更加不连续的环境变革，所有组织都要涉及知识的创造、传播、更新与应用等知识管理活动，以提高核心竞争力。知识管理促进创新，对技术创新、组织创新、管理创新、商业模式创新等都有促进作用，创新的效果应该作为知识管理评价的重要依据。

针对战略性新兴产业共性技术的协同研发，组成协同知识链的各研发主体的创新能力对知识链的创新能力有重要影响。R&D战略联盟的牵头单位一般具有特殊知识优势（如技术、品牌、管理、市场等），其他协同主体是有各自优势的大学、研究机构、区域特色企业等。牵头单位的创新能力对知识链的知识创新能力有直接的、决定性的影响。各协同主体的创新能力越强，对知识链中知识增值的贡献度就越大。因此，构建知识管理评价指标体系时，必须坚持促进创新原则，以最终共性技术研发的协同知识链的知识增值和知识创新作为出发点。

3. 注重实效原则

知识管理的作用一般很难精确计量，主要通过其他活动来实现其价值。价值不是知识的内在特性，知识的价值体现在知识管理的应用效果中。共性技术研发知识管理的运行一般要以项目研发流程作为依托载体，基于具体的研发流程，依托高效的知识管理支撑平台，研发的知识管理才具有可操作性。在研发流程中的任务或活动定义可告诉研发成员如何获取知识，如何对获取的知识进行整合共享，如何进行知识的创新和转移等，而所有的知识获取、整合共享、扩散转移等知识管理流程都需要背后知识管理平台的支撑。现阶段阻碍我国企业知识管理绩效提升的很多瓶颈因素都归结于知识管理平台的基础支撑能力较弱，基于注重实效原则，知识管理平台应成为构建评价指标的重要因素。

第二节　　知识管理流程绩效评价指标体系的构建

战略性新兴产业技术研发的基本特征决定了产学研用等多主体协同创新是必然趋势，R&D战略联盟是协同创新的主流组织模式，是企业拓展知识基础，是获得更多知识（特别是新知识、隐性知识）和知识类型的有效载体。Koschatzky（2002）认为，知识协同是协同创新的核心，是知识在合作各方之间转移、吸收、消化、共享、集成、利用和再创造，这对R&D联盟协同主体的外部知识获取、知识转移和知识共享等知识管理流程绩效提出了更高要求。对R&D联盟牵头单位而言，有效利用外部知识的能力是其创造价值的重要来源。外部知识管理决定了组织的发展方向，对我国战略性新兴产业共性技术研发来说，外部知识管理是重点；在协同创新背景下产业共性技术研发的知识管理流程中，知识管理平台处于举足轻重的地位，建立知识管理流程绩效评价体系，知识管理平台的组织定位及背后知识管理的技术支持、知识管理流程的整合是主要指标；共性技术研发贯穿了产品的设计、营销、生产、销售服务整个流程，研发的概念设计、详细设计（工程化设计）和生产设计等设计性知识的管理是知识管理流程的主要内容，设计性知识管理和贯穿其中的协同性知识管理是评价的重要因素（刘洪民等，2016b）。

（一）技术研发的外部知识管理

企业外部创新搜寻是快速提升企业创新绩效的有效途径之一，这需要企业构建强大的搜寻能力，以便快速和有效寻找外部知识源，通过各种方式从这些知识源中获得所需的互补型知识或增强型知识（何郁冰和梁斐，2013）。外部知识管理实现的重要手段和工具是建立完备的知识地图和知识库，特别是客户需求导向的客户需求知识地图和知识库，以及事关企业战略性方向的竞争对手和研发型公司（关键技术模块供应商）的知识库。共性技术研发的外部知识管理相关要素结构如图9.2所示。

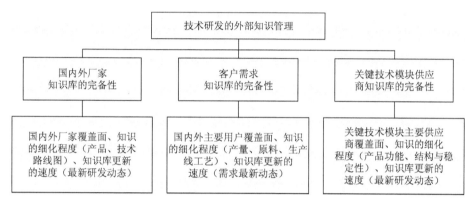

图9.2 技术研发的外部知识管理相关要素结构图

（二）共性技术研发的设计性知识管理

产业技术研发包括概念设计、详细设计、生产设计等不同的阶段，设计性知识管理的绩效直接关系着整个技术研发的成败，设计性知识管理应包括主要知识模块的完备性、设计性知识平台界面友好性以及设计性知识的迭代性，以有效支撑研发设计人员的知识交互等。设计性知识管理相关要素结构如图9.3所示。

（三）技术研发的协同性知识管理

在协同研发联盟或者知识联盟中，每个主体在各自的主要知识领域内有不同的知识存量，研发联盟组织间转移的知识为互补性知识，每个联盟主体知识基础的不同导致主体间存在知识势差，互补性知识的转移需要有效的协同性知识管理，对知识的需求与响应、知识的扩散性、知识的迭代性是重要因素，相关要素结构如图9.4所示。

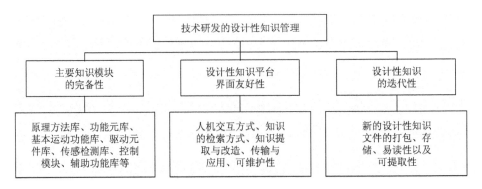

图9.3　技术研发的设计性知识管理相关要素结构图

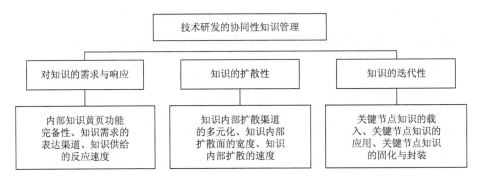

图9.4　技术研发的协同性知识管理相关要素结构图

（四）技术研发知识管理的组织平台

知识管理在一定程度上说是组织应对外部环境变化而进行的一种变革，它的有效实施需要相应的组织定位平台做支撑。知识型组织平台的实质是组织的现有结构对知识管理的配合程度，可以通过知识管理组织机构的定位、知识管理人员的能力结构以及知识管理的资金预算等指标来体现，其核心其实是在组织内创造一种有利于知识共享、鼓励知识创造的文化和制度氛围。组织平台相关要素结构如图9.5所示。

（五）技术研发知识管理的技术支持

随着信息网络技术的快速发展，知识管理的手段和方式也在不断更新。协同创新知识管理的技术支持是开展知识管理的基础，主要涉及知识管理系统网络的软硬件，知识管理系统的界面友好性，知识管理系统的知识地图、学习论坛、知识黄页等功能的完备性等主要评价指标。组织知识管理的技术支持越好，知识管理的能力越强。共性技术研发知识管理的技术支持相关要素结构如图9.6所示。

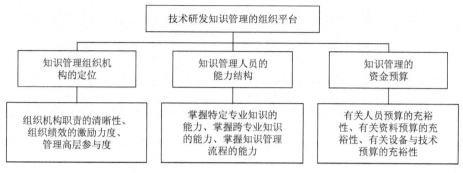

图9.5 共性技术研发知识管理的组织平台相关要素结构图

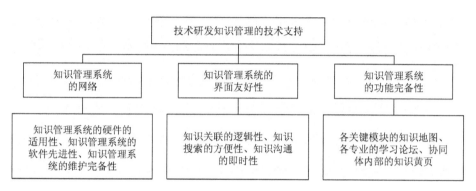

图9.6 共性技术研发知识管理的技术支持相关要素结构图

（六）技术研发的知识管理流程整合

知识管理流程的整合能力是反映组织知识整合能力的一个重要方面，通过流程整合，对组织知识管理的主要流程进行梳理、规范和优化是保证组织知识管理活动的科学性、高效率，提高组织创造力和核心竞争力的重要环节。知识管理流程整合相关要素结构如图9.7所示。

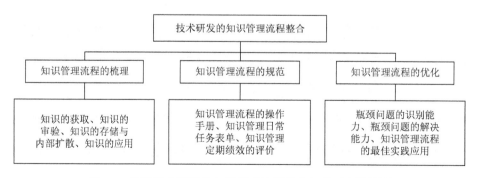

图9.7 共性技术研发的知识管理流程整合相关要素结构图

第三节　多层次模糊综合评价模型

战略性新兴产业技术协同研发的知识管理绩效评价是一个典型的多层次、多维度、多因素评价问题，许多因素难以用一个具体的数值直接加以度量，只能用状态或者程度等级来表示，评价指标具有很强的模糊性，这种评价问题运用多层次模糊综合方法可以得到较好解决（刘洪民等，2016a）。多层次模糊综合评价法是综合运用 AHP 法和 FCE 模型解决多因素、多指标问题较有利的方法（姜黎辉和张朋柱，2004；樊友平和陈静宇，2000）。AHP 法和 FCE 模型两种方法的综合运用不仅可以解决多因素、多指标权重问题，同时可以解决综合评价问题。基于此，本章通过构建 AHP 法和 FCE 模型相结合的多层次模糊综合评价模型对战略性新兴产业共性技术研发的知识管理流程绩效进行综合评价，其基本方法和建模步骤如下。

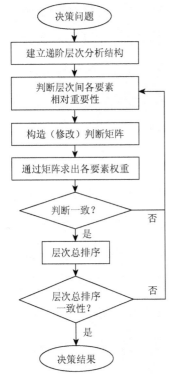

图 9.8　AHP 法逻辑结构图

（一）确定专家组成员

鉴于产业共性技术的复杂性和知识管理的综合性，为能准确反映相关专家的评估意见，专家组一般由相关技术研发专家、相关产业、企业高层管理人员（技术、制造、销售等多个部门）组成。专家组组成后，根据实际需要提出各项指标的相对重要性，确定评语集。

（二）以 AHP 法确定指标权重

指标权重系数直接影响到最终评估结果，AHP 法能利用更精确和更细化的子目标系统解决问题，并有效定量测度子目标的一致性。首先请专家组根据自身研发管理经验、知识体系等对各层次指标的相对重要性进行评定，构造判断矩阵并进行一致性检验，然后根据判断矩阵采用平均值法进行权重优化，得出综合判断矩阵，其逻辑结构如图 9.8 所示。

具体步骤如下。

（1）构造判断矩阵。根据指标体系结构设计调查表，向专家组发放调查表，请各位专家对该评估体系各层次指标间的相对重要程度给出判定。给出两两指标间的相对重要性，用自然数 1~9 及其倒数表示。

（2）进行一致性检验。定义：设 U 为 n 阶矩阵，u_{ij} 为 U 中的元素，若对于任意的 $1 \leqslant i \leqslant n$，$1 \leqslant j \leqslant n$，矩阵 U 中的元素具有传递性，即满足等式 $u_{ij}u_{jk} = u_{ik}$，则称 U 为一致性矩阵。一致性检验通过计算一致性比例进行检验。公式如下：

$$CR = \frac{CI}{RI} \tag{9-1}$$

其中，CR 表示一致性比率；CI 表示矩阵一致性指标；RI 表示平均随机一致性指标。若 CR<0.1，则认为通过一致性检验。若 CR>0.1，则认为未通过一致性检验，需重新调整判断矩阵，直到通过一致性检验为止。

（3）计算指标权重。其公式为

$$W_i = \left(\prod_{i=1}^{n} u_{ij}\right)^{\frac{1}{n}} \bigg/ \sum_{j=1}^{n}\left(\prod_{i=1}^{n} u_{ij}\right)^{\frac{1}{n}} \tag{9-2}$$

其中，u_{ij} 表示指标 u_i 对 u_j 的相对重要性数值，$i,j = 1, 2, \cdots, n, n$ 为各层级中的指标数量。可先确定第一层级中每个指标的权重，随后再依次单独确定第二、第三层级每个子集指标的权重。

（三）构建模糊综合评价模型

模糊综合评价的基本建模步骤如图 9.9 所示。

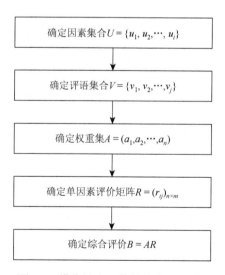

确定因素集合 $U = \{u_1, u_2, \cdots, u_i\}$

确定评语集合 $V = \{v_1, v_2, \cdots, v_j\}$

确定权重集 $A = (a_1, a_2, \cdots, a_n)$

确定单因素评价矩阵 $R = (r_{ij})_{n \times m}$

确定综合评价 $B = AR$

图 9.9　模糊综合评价的基本建模步骤

（1）评价因素集 $U = \{u_1, u_2, \cdots, u_i\}$，即为指标集。其中，$u_i$ 表示被考虑的因素，$i = 1, 2, \cdots, n$。

（2）评语集 $V = \{v_1, v_2, \cdots, v_j\}$，其中，$v_j$ 表示评价结果，$j = 1, 2, \cdots, m$。如评语集 $V = \{$很好，较好，一般，较差，很差$\}$，即为评价等级的集合。

（3）权重集 $A = (a_1, a_2, \cdots, a_n)$，其中，$a_n$ 表示因素 u_i 被赋予的权重，采用 AHP 法确定权重。

（4）模糊综合评价矩阵 R。从 U 到 V 的模糊映射 R 的向量 $R(u_i) = (r_{i1}, r_{i2}, \cdots, r_{im})$ 称为单因素评价，它是 V 上的模糊子集。$r_{ij}(0 \leqslant r_{ij} \leqslant 1, i = 1, 2, \cdots, n; j = 1, 2, \cdots, m)$ 表示从因素 u_i 考虑该事物能被评为 v_j 的隶属度。将模糊映射全体向量排列起来得出综合评价的变换矩阵 $R = (r_{ij})$。

$$R = \begin{bmatrix} r_{11} & r_{12} & \cdots & r_{1m} \\ r_{21} & r_{22} & \cdots & r_{2m} \\ \vdots & \vdots & & \vdots \\ r_{n1} & r_{n2} & \cdots & r_{nm} \end{bmatrix}$$

（5）模糊综合评价模型。当权重分配 A 和变换矩阵 R 已知时，就得到模糊综合评价的模型 B。

$$B = [b_1\ b_2\ \cdots\ b_m] = [a_1\ a_2\ \cdots\ a_n] \begin{bmatrix} r_{11} & r_{12} & \cdots & r_{1m} \\ r_{21} & r_{22} & \cdots & r_{2m} \\ \vdots & \vdots & & \vdots \\ r_{n1} & r_{n2} & \cdots & r_{nm} \end{bmatrix}$$

其中，$b_j = \vee(a_i \wedge r_{ij})$，$0 \leqslant b_j \leqslant 1, j = 1, 2, \cdots, m$。

通过对因素集的分层划分，可以将上述模型扩展为三层模糊综合评价模型，下一层的评价结果是上层评价的输入，直到最上层为止（即评价需从最底层开始，逐步上移）。

第四节　评价模型的应用实践与验证

以某先进装备制造业企业的一项共性技术的协同研发为例进行实际应用和验证，模型的具体应用步骤如下。

（1）如表 9.1 所示，利用评价指标体系给出共性技术研发知识管理流程评价因素集（指标集），共分为三层指标体系，具体过程略。

（2）确定评语集 $V = \{v_1, v_2, \cdots, v_m\} = \{A+, A, A-, B+, B, B-, C\}$，这里评语集等级数 $m = 7$，用 $A+$、A、$A-$、$B+$、B、$B-$、C 分别表示"非常合适、合适、较合适、一般、较不合适、不合适、很不合适"等七个评价等级。

（3）数据的收集与整理，确定指标权重和变换矩阵 $R = (r_{ij})$。专家组成员确定指标权重。专家组成员主要为企业研发中心、科研院所、用户部门的技术研发专家及企业技改系统、生产系统、质量系统、营销系统等所属部门高层管理人员。同理，用同行评议统计法确定 r_{ij}，同行评议数据收集也采用问卷调查的方法，对问卷收集的信息进行整理和统计，给出评价矩阵。

（4）模糊综合评价模型。该模型为三层判断，从第一级模糊综合评价计算开始，依次计算出第二级、第三级模糊综合评价的计算结果。

表 9.1　技术研发知识管理流程绩效模糊判断数据

一级指标	权重	二级指标	权重	三级指标	权重	A+	A	A-	B+	B	B-	C
协同研发的外部知识管理（U1）	0.20	厂家知识库的完备性（U11）	0.3	国内外厂家覆盖面（U111）	0.30	0.153	0.234	0.221	0.128	0.090	0.105	0.070
				知识的细化程度（U112）	0.35	0.145	0.219	0.231	0.159	0.096	0.086	0.063
				知识库更新的速度（最新研发动态）（U113）	0.35	0.183	0.236	0.218	0.126	0.111	0.106	0.020
		用户需求知识库完备性（U12）	0.35	国内外主要用户覆盖面（U121）	0.30	0.173	0.181	0.214	0.153	0.126	0.091	0.061
				知识的细化程度（U122）	0.35	0.159	0.246	0.194	0.140	0.115	0.071	0.075
				知识库更新的速度（U123）	0.35	0.146	0.282	0.151	0.158	0.111	0.093	0.058
		关键模块供应商知识库完备性（U13）	0.35	关键技术模块主要供应商覆盖面（U131）	0.30	0.173	0.204	0.214	0.143	0.161	0.050	0.055
				知识的细化程度（U132）	0.35	0.178	0.213	0.184	0.130	0.140	0.096	0.060
				知识库更新的速度（U133）	0.35	0.150	0.256	0.208	0.120	0.076	0.081	0.110
协同研发的设计性知识管理（U2）	0.15	主要知识模块的完备性（U21）	0.40	原理方法库（U211）	0.15	0.153	0.140	0.209	0.176	0.125	0.121	0.076
				功能元标准化库（U212）	0.15	0.130	0.226	0.254	0.163	0.145	0.037	0.047
				基本功能载体库（U213）	0.15	0.158	0.189	0.282	0.169	0.118	0.066	0.017
				驱动元件库（U214）	0.15	0.171	0.141	0.228	0.156	0.128	0.100	0.076
				传感检测载体库（U215）	0.15	0.159	0.153	0.183	0.208	0.136	0.096	0.065

一级指标	权重	二级指标	权重	三级指标	权重	A+	A	A-	B+	B	B-	C
协同研发的设计性知识管理（U2）	0.15	主要知识模块的完备性（U21）	0.40	控制系统模块（U216）	0.15	0.159	0.158	0.256	0.138	0.135	0.076	0.078
				辅助功能库（U217）	0.10	0.163	0.153	0.241	0.143	0.106	0.118	0.076
		设计性知识平台界面友好性（U22）	0.30	人机交互方式（U221）	0.20	0.154	0.166	0.221	0.159	0.093	0.110	0.096
				知识的检索方式（U222）	0.20	0.184	0.138	0.236	0.106	0.153	0.103	0.080
				知识的提取与改造（U223）	0.20	0.164	0.166	0.281	0.145	0.103	0.058	0.083
				知识的传输与应用（U224）	0.20	0.140	0.146	0.259	0.153	0.126	0.093	0.083
				知识的可维护性（U225）	0.20	0.128	0.161	0.226	0.166	0.113	0.115	0.091
		设计性知识迭代性（U23）	0.30	新的设计性知识文件的打包、存储、易读性以及可提取性（U231）	1.00	0.159	0.183	0.241	0.143	0.130	0.086	0.058
协同研发的协同性知识管理（U3）	0.20	知识的需求与响应（U31）	0.40	知识黄页功能完备性（U311）	0.30	0.145	0.161	0.233	0.130	0.146	0.103	0.083
				需求的表达渠道（U312）	0.35	0.140	0.169	0.254	0.148	0.120	0.096	0.073
				供给的反应速度（U313）	0.35	0.141	0.158	0.257	0.159	0.130	0.095	0.060
		知识的扩散性（U32）	0.30	内部扩散的多元化（U321）	0.30	0.169	0.159	0.256	0.146	0.106	0.115	0.048
				内部扩散面的宽度（U322）	0.35	0.154	0.189	0.173	0.150	0.143	0.131	0.060
				内部扩散的速度（U323）	0.35	0.140	0.176	0.228	0.159	0.121	0.101	0.075
		知识的迭代性（U33）	0.30	关键节点的载入（U331）	0.30	0.164	0.145	0.241	0.140	0.158	0.091	0.061
				关键节点的应用（U332）	0.30	0.176	0.161	0.206	0.115	0.151	0.118	0.073
				关键节点知识的固化与封装（U333）	0.40	0.145	0.158	0.193	0.164	0.140	0.121	0.080

续表

一级指标	权重	二级指标	权重	三级指标	权重	A+	A	A-	B+	B	B-	C
协同研发的知识管理组织定位平台（U4）	0.15	知识管理组织机构的定位（U41）	0.30	组织机构职责的清晰性（U411）	0.30	0.159	0.143	0.254	0.146	0.123	0.076	0.098
				组织绩效的激励力度（U412）	0.40	0.173	0.141	0.199	0.178	0.140	0.083	0.086
				管理高层参与度（U413）	0.30	0.126	0.171	0.191	0.166	0.146	0.080	0.120
		知识管理人员的能力结构（U42）	0.40	掌握特定专业知识的能力（U421）	0.30	0.140	0.163	0.254	0.135	0.146	0.105	0.058
				掌握跨专业知识的能力（U422）	0.30	0.158	0.141	0.234	0.168	0.126	0.086	0.086
				掌握知识管理流程的能力（U423）	0.40	0.174	0.146	0.238	0.176	0.131	0.075	0.060
		知识管理的资金预算（U43）	0.30	有关人员预算的充裕性（U431）	0.35	0.150	0.159	0.261	0.123	0.138	0.100	0.070
				有关资料预算的充裕性（U432）	0.30	0.131	0.123	0.262	0.141	0.136	0.110	0.096
				有关设备与技术预算的充裕性（U433）	0.35	0.176	0.131	0.224	0.148	0.136	0.130	0.055
协同研发的知识管理的技术支持（U5）	0.15	知识管理系统的网络（U51）	0.35	知识管理系统的硬件的适用性（U511）	0.30	0.159	0.168	0.173	0.174	0.150	0.110	0.066
				知识管理系统的软件先进性（U512）	0.30	0.128	0.204	0.183	0.156	0.140	0.120	0.070
				知识管理系统的维护完备性（U513）	0.40	0.143	0.226	0.208	0.131	0.126	0.103	0.063
		知识管理系统的界面友好性（U52）	0.30	知识关联的逻辑性（U521）	0.35	0.166	0.169	0.183	0.154	0.130	0.091	0.106
				知识搜索的方便性（U522）	0.30	0.145	0.158	0.223	0.145	0.128	0.110	0.093
				知识沟通的即时性（U523）	0.35	0.189	0.145	0.176	0.140	0.153	0.115	0.083

续表

一级指标	权重	二级指标	权重	三级指标	权重	A+	A	A-	B+	B	B-	C
协同研发的知识管理的技术支持（U5）	0.15	知识管理系统功能完备性（U53）	0.35	关键模块知识地图（U531）	0.40	0.148	0.204	0.191	0.140	0.125	0.105	0.088
				各专业的学习论坛（U532）	0.30	0.168	0.156	0.226	0.135	0.145	0.111	0.060
				内部的知识黄页（U533）	0.30	0.138	0.178	0.238	0.145	0.125	0.105	0.073
协同研发的知识管理流程整合（U6）	0.15	知识管理流程的梳理（U61）	0.30	知识的获取（U611）	0.25	0.146	0.158	0.256	0.130	0.120	0.116	0.075
				知识的审验（U612）	0.20	0.131	0.136	0.249	0.156	0.130	0.113	0.085
				知识的存储与内部扩散（U613）	0.25	0.193	0.120	0.193	0.169	0.146	0.108	0.071
				知识的应用（U614）	0.30	0.146	0.166	0.198	0.143	0.141	0.128	0.078
		知识管理流程的规范（U62）	0.30	知识管理流程的操作手册（U621）	0.35	0.145	0.161	0.239	0.138	0.131	0.096	0.090
				知识管理日常任务表单（U622）	0.30	0.140	0.199	0.206	0.130	0.135	0.095	0.096
				知识管理定期绩效的评价（U623）	0.35	0.140	0.159	0.206	0.188	0.128	0.090	0.090
		知识管理流程的优化（U63）	0.40	瓶颈问题的识别能力（U631）	0.35	0.153	0.176	0.224	0.138	0.113	0.110	0.086
				瓶颈问题的解决能力（U632）	0.30	0.168	0.159	0.219	0.159	0.135	0.093	0.066
				流程的最佳实践应用（U633）	0.35	0.141	0.146	0.243	0.135	0.138	0.110	0.088

计算过程较为复杂，仅给出最后的计算结果：

$$b = [0.20\ 0.15\ 0.20\ 0.15\ 0.15\ 0.15] \begin{bmatrix} 0.162 & 0.231 & 0.202 & 0.140 & 0.114 & 0.086 & 0.064 \\ 0.156 & 0.168 & 0.240 & 0.153 & 0.126 & 0.089 & 0.068 \\ 0.151 & 0.164 & 0.228 & 0.147 & 0.134 & 0.107 & 0.069 \\ 0.156 & 0.147 & 0.235 & 0.155 & 0.136 & 0.093 & 0.079 \\ 0.153 & 0.182 & 0.200 & 0.146 & 0.135 & 0.107 & 0.078 \\ 0.150 & 0.160 & 0.223 & 0.148 & 0.131 & 0.105 & 0.083 \end{bmatrix}$$

$$= [0.155\ 0.178\ 0.221\ 0.147\ 0.129\ 0.098\ 0.073]$$

从计算结果可以看出，最终模糊综合评价的计算结果的隶属度最高为0.221，属于 $A-$，说明该制造业企业共性技术协同研发知识管理流程是较合适的，计算结果和企业共性技术协同研发的实际情况基本符合。

第五节　结论与启示

知识管理对组织的发展起着决定性作用，面对更加不连续的环境变化，所有组织都要涉及知识的创造、传播、更新与应用，基于知识管理的视角研究创新是必然趋势。知识管理绩效评价是知识管理的一个重要环节，评价指标的构建是衡量知识管理绩效的主要标准。在战略性新兴产业技术协同研发的知识管理流程中，外部知识管理、设计性知识管理、协同性知识管理、组织平台定位、技术支持保障及知识管理流程的整合能力等重要评价指标对研发绩效起着关键影响作用，利用定量和定性相结合的FCE模型可以较好地对战略性新兴产业技术协同研发知识管理流程绩效进行综合评价。

知识管理实施绩效是知识管理的重要环节和落脚点，从管理绩效提升的角度，基于本章所构建的 AHP 法和 FCE 模型相结合的多层次模糊综合评价模型及实践应用，对我国战略性新兴产业技术的协同研发和管理创新有如下三点启示。

第一，进一步加强 R&D 战略联盟战略性合作和协同研发。基于战略性新兴产业的战略性、不确定性、复杂性等基本特征，R&D 战略联盟是促进战略性新兴产业技术研发的有效组织形式，政府应采取基于战略性新兴产业共性技术特征、产业整体竞争态势和骨干企业实力特征的柔性资助战略。

第二，提高知识管理流程的整合能力。特别在协同创新的背景下，知识整合能力直接影响着组织间和组织内知识共享和知识创造，通过流程整合，对组织知识管理的主要流程进行梳理、规范和优化是保证组织知识管理活动的科学性、高效率，提高组织创造力和提升组织核心竞争力的重要环节。

第三，加强知识管理平台的建设。制约知识管理绩效提升的很多瓶颈因素都归结于知识管理平台的基础支撑能力弱。未来应加强平台知识库建设和知识挖掘技术的提升，使知识动态性、知识地图可视化程度、知识模块分布集成性更强，基于该平台可以有效地实现共性技术协同研发、制造、服务匹配及协同知识链的快速构建，为建立松散耦合、互操作强的共性技术协同研发网络联盟提供基础。

第十章　用户购买意愿对战略性新兴产业的政策影响：浙江省新能源汽车的实证

消费者是产品的最终购买者，是一个产业发展的最终推动力，战略性新兴产业更是如此。与一般产业相比，战略性新兴产业一般处于产业生命周期的孕育或成长阶段，它与成熟产业的区别不仅体现在技术的新兴性和市场的不确定性这两个独立的维度，更体现在技术和市场相互作用机制的独特性上。用户作为构成新兴市场需求的主体，在定制和购买产品方面一直发挥着重要作用，尤其是在新兴市场形成的早期阶段，用户的这一作用不容忽视（Dodds et al., 1991）。以新能源汽车为例，基于环保性、能源安全性等原因，大力发展新能源汽车新兴产业是我国的基本国策。新能源汽车对节约资源和改善环境有重要作用，是汽车产业顺应时代趋势而进行改革的产物。同时，新能源汽车是我国发展汽车产业的一个契机，有望实现我国汽车工业"弯道超车"。现阶段，政府和企业采取了一系列措施发展、推广新能源汽车，但其销量还远远落后于传统汽车，私人购买更是少数。如何提高用户消费者的购买意愿是当前新能源汽车产业要解决的重要问题之一，本章针对浙江省新能源汽车购买意愿影响因素进行定量研究。本章选取感知价值与购买意愿的模型作为基础，并加入外部因素作为调节变量，构建研究模型，并设计相应问卷，测量影响消费者购买意愿的原因。希望通过消费者对浙江省新能源汽车影响购买意愿因素的研究，能为政府和企业推动新能源汽车产业的发展提供决策参考和建议。

第一节　问题的提出

发展新能源汽车是我国从汽车大国迈向汽车强国的必由之路。我国从 21 世纪初开始发展新能源汽车产业，在国家和地方对新能源汽车的大力推广下，新能源汽车产业有了很好的发展，在产量和销量上都有了显著的提高。以浙江省为例，近年来，在浙江省汽车产业的整个版图上，新能源汽车是无法忽视的组成部分，"浙江制造"在国内外汽车市场的品牌知名度和占有率不断攀升。浙江省电动汽车行业协会表明，2016 年浙江省新能源汽车产量 57 178 辆，约占全国的 11%。同时浙江省还是全国最早开展电动汽车充电设施建设的省份，也是率先建成国内首个跨城电动汽车快充网络的省份，还是构建"城区 10 分钟、郊县 20 分钟"充换电服务圈、实施"电池供给 + 换充服务 + 里程计费"商业运营模式、微公交模式试点的示范省份。目前已建成 187 座集中式充换电站、11 000 余个分散式充电桩，在杭州市区 3 公里内便可找到充电设施。

但不可否认，新能源汽车产业发展还存在一些问题，如基础设施不够完善、畅销车型尚未明确，缺少知名品牌等，此外新能源汽车现阶段主要应用于汽车租赁和公共交通领域，私人消费还非常少。中国汽车工业协会公布数据显示，2017年 1～2 月新能源汽车产销量占我国汽车总产量的 0.56%，在"2017 电动汽车百人会论坛"上，国家信息中心副主任徐长明曾指出，当前新能源汽车私人购买占比仅为 24.2%。相对于庞大的汽车市场，私人新能源汽车的占有率还是十分低的。

应该充分认识市场需求因素对战略性新兴产业发展的促进作用。首先，市场需求方作为新兴产业产品和服务的购买者，通过消费推动新兴产业规模的扩张。其次，市场需求的规模是新兴产业细化产业分工、提高专业化程度的重要条件。再次，用户作为重要的产业创新者，直接参与到产业创新当中，而这目前并没有引起理论界和政策界的充分重视。因此，有必要进一步加强对用户的研究，特别是要在实证层面上提供更多的用户需求、用户创新与产业成长的经验证据。本章从用户消费者的角度出发，基于了解影响消费者购买意愿的因素，以推动新能源汽车产业更好更快地发展。实践层面上：一是帮助企业和政府更好地制定新能源汽车推广策略，通过对消费者购买意愿影响因素的实证分析，制定符合消费者期望的新能源汽车战略，从而提高消费者对新能源汽车的购买意愿；二是更好地了解浙江省新能源汽车发展情况。本章是针对浙江省消费者对新能源汽车的购买意愿而进行研究的，可以更好地了解现阶段浙江省新能源汽车发展所应注意的问题。

本章将研究区域选定为浙江省，主要原因有以下几点。

（1）杭州市作为我国新能源汽车首批试点城市之一，起步较早。浙江省现已初步建成杭州、宁波、金华、台州四大新能源汽车整车基地，具有以吉利、众泰为代表的知名汽车品牌，形成了集研发、生产、运营等为一体的较为完整的产业生态链，配套设施建设也稳步推进。

（2）浙江省民营经济发达，产业资金链雄厚。新能源汽车是新兴领域，浙江省民营资本大量涌入，在浙江省投产的汽车品牌中，超过 2/3 的品牌有新能源汽车产品。

（3）浙江省政府为购买新能源汽车的车主提供了很多福利，中央和地方双重补贴、新能源汽车免摇号、不限行等系列措施激励用户的购买意愿。

第二节　文　献　述　评

基于本章研究主题，相关文献述评主要从购买意愿相关研究、感知价值相关研究、外部环境相关研究三方面展开。

（一）购买意愿相关研究

1. 购买意愿含义

朱智贤（1985）认为购买意愿是消费者在挑选产品时的心理顾问，可以展现消费者的内心，进而促使消费行为的发生。Dodds 等（1991）认为购买意愿是顾客愿意去购买产品或品牌的程度，是指顾客对目标产品或品牌的主观倾向对购买决策的影响，不仅可以体现消费者对某一产品或品牌的满意程度，也体现出购买可能性的大小。Monroe（1991）认为购买意愿是消费者在主观认知及外部因素的共同影响下，对于产品或服务的态度及愿意了解的可能性。Schiffman 和 Kanuk（2001）认为购买意愿是衡量消费者购买某种产品的可能性的工具。

从以上学者的分析中可以看出，购买意愿是购买行为的前奏，会直接影响消费者的最终决策，因此，可以将消费者的购买意愿作为预测购买行为的重要指标。根据 Parasuraman 等（1991）的研究，消费者购买意愿可以分为正向意愿和负向意愿。当消费者对产品产生正向意愿时，消费者会表现出对产品的好感和喜爱，会增加购买产品的可能性；反之，如果消费者对产品存在负向意愿，会降低消费者购买产品的可能性，其反应是减少对该公司产品的购买数量，甚至不再购买。

综上所述，虽然国内外学者对购买意愿的含义描述有所不同，其实质都是购买意愿会对购买行为产生影响。本章将购买意愿定义为在个人主观倾向及外界影响的共同作用下，消费者发生购买行为的预测。

2. 购买意愿影响因素研究

（1）人口统计特征：是划分消费者的变量，主要包括性别、年龄、职业、教育水平、个人收入等。

（2）产品内部特征：一般是指体现产品自身价值、质量特征的属性。Babin 等（1999）认为购买行为是消费者为了满足自身需求而采取的行动，对产品内部特征的感知能最直接地影响消费者购买意愿和购买决策。

（3）产品外部线索：指产品所附加的外部属性，如品牌、服务、价格等。董军等（1998）认为价格不仅是消费者购买产品所需花费的货币多少的标志，也是产品质量高低的标志，高价格可以给消费者带来更高的质量感知，产生更强烈的购买意愿，但过高的价格又会降低消费者购买该产品的能力。王丽芳（2005）认为信息不对称使得消费者不能真实掌握产品内部属性，因此需要借助产品外部线索帮助辨别产品的品质和风险，以此影响消费者的购买意愿。

（4）消费情境因素：指消费者购买活动发生时所处的时间、地点等，消费者的购买意愿会因为情境因素的变化而改变。符国群（2000）认为即使是同一种产品，同一个消费者在不同的环境下对该产品的态度也会不同，会做出不同的消费反应。

（5）社会情境因素：指消费者一定时期内所处的社会环境，会影响消费者的购买。有研究表明当居民现在及未来一段时间内对住房、教育等支出不断上升时，人们会因此而降低购买意愿，减少购买行为。

3. 国内新能源汽车购买意愿相关研究

程军和赵娟（2006）的研究中表明当油价上涨时，仅有10%的消费者不会改变原有的购车计划，其余消费者的计划都会有所改变。因此，新能源油耗小的优势在油价不断上涨的今天得到不断扩大，激发消费者的购买意愿。徐国虎和许芳（2010）通过因子分析探讨影响消费者购买的元素，共研究11个因子对购买决策的关系，并将11个元素划分为购置成本、汽车品质、使用能耗、售后服务、周围影响五大因子，占到影响消费者购买决策因素的67.925%。占锐和聂彦鑫（2010）的研究指出我国私人购车补贴主要有直接购买、整车租赁、电池租赁三种形式，可以满足不同消费者的需求，让更多的消费者获得补贴，刺激更多消费者对新能源汽车的购买意愿。王颖和李英（2013）以感知风险（财务风险、身体风险、功能风险、时间风险和社会心理风险）、涉入程度（产品知识、产品象征性）和人口统计变量（性别、年龄、教育程度及家庭收入）对新能源汽车购买意愿进行研究。研究表明，感知风险对消费者的购买意愿起负向影响，其中，经济风险对消费者影响最大。涉入程度意味着重视程度，消费者的涉入程度与购买意愿成正比。人口统计变量中除性别因素，其他因素都会对消费者的购买意愿有所影响。高鹏以感知价值（质量价值、情感价值、社会价值、价格价值）为基础，政府政策引导及公民环保意识作为调节变量，对新能源汽车购买意愿进行研究，结果表明感知价值与购买意愿呈正相关关系，公民环保意识对感知价值的四个因子都具有调节关系，但政府政策引导只对质量价值和价格价值具有调节关系。刘腾飞（2016）从人口统计变量、绿色观念认知、新能源汽车认知、新能源汽车态度、主观规范、感知行为效力、感知行为控制、顾客感知价值（质量价值、价格价值、社会价值、功能价值、服务价值）、情境因素（政策宣传、政府补贴、配套基础设施、政府支持与引导）九大因素探讨对新能源汽车购买意愿的影响。结果显示这九大因素均对购买意愿有正向影响，其中感知行为控制影响程度最为明显，情境因素中的政策补贴和感知价值中的质量价值在其所在因素中是最主要的原因。

（二）感知价值相关研究

Zeithaml（1988）从消费者的心理角度出发，认为感知价值是消费者在产品或服务中所感受到的利益与付出的成本进行权衡后所作出的评价。感知价值是独特的，因人而异，消费者会根据自身对产品或服务的感知来决定是否进行购买。Zeithaml 等（1996）认为感知价值不存在于产品或品牌中，而是一种体验，这种体验具有相对性、互动性和偏好性。相对性是指价值会因个人、情境等的变化而变化；互动性是指价值是消费者与产品互动过程中产生的；偏好性是指消费者会根据自己的喜好来选择产品。Grönroos 等认为感知价值是消费者在使用产品或服务时所获得的感受、信息等而进行自我评估的过程，是企业与顾客开展关系营销的起点也是结果。Wood 和 Scheer（1996）认为感知价值是消费者在交易中所获取的利益与对为之付出的成本进行的权衡，利益主要包括产品质量，成本则主要包括货币成本及感知风险。价格是当时所明确的花费，而风险则代表未来不确定的花费，当顾客为理性消费者时，风险更能影响消费者的购买行为。武永红和范秀成（2004）认为感知价值是企业提供能满足顾客需求的特定的产品或服务，并对在此过程中的所得与所失进行的总体评价。成海清和李敏强（2007）认为感知价值是消费者在与产品的整体接触和交互过程中，产品的作用及其变化同顾客需求相适应、相接近的程度。

综上所述，虽然不同学者对感知价值的研究角度不同，所得结论不同，但都有一定的相似性：①感知价值是消费者主观上对产品或服务的感受；②感知价值是使用该产品或服务带来的利得与成本之间的权衡关系；③感知价值影响消费者的购买行为；④企业的产品或行为会影响消费者对其的感知价值。

（三）外部环境相关研究

席西民（2001）将企业外部环境分为硬环境和软环境两方面，硬环境包括自然环境与基础设施，软环境包括经济、市场、政府环境等。罗利丽（2006）表明我国消费者消费行为发生变化会随着外部环境变化而变。因此，要想保持经济持续增长，就必须对外部环境进行调节和控制，而调节则需要从制度上进行改变。琼斯认为企业外部环境是独立于组织之外的，但会影响企业管理者的决策的所有外部力量的集合。

外部环境因子构成主要有以下几个观点。Moore 认为外部环境因子主要包括企业所处的自然、生态、经济、社会、技术和行业环境。宋阳等认为外部环境包括：自然环境——企业成长的物质条件；社会环境——企业成长的制度、法律和文化条件；经济环境——企业成长的市场、政策和要素条件。刘洪德和史竹青（2008）认为外部环境因子包括：政策法律环境因子、制度文化因子、经济基础因子、产业基础环境因子等。综上所述，外部环境不仅会影响企业的管理决策，也会影响消费者购买行为。

（四）相关述评

近几年，我国关于新能源汽车研究的文献主要集中于技术、发展等理论方面，对于新能源汽车的实证研究相对较少，为了更好地推进新能源汽车发展，对消费者购买意愿的影响因素进行研究是十分必要的。

影响消费者购买意愿的因素主要有人口统计特征、产品内部特征、产品外部线索、消费情境因素及社会情境因素五方面。消费者在购买汽车时，最主要的还是在意价格及质量，注意价值方面的考量，因此本章选用感知价值为基础。同时购买意愿会受到外部情境的影响，在新能源汽车购买影响因素的研究领域，我们可以看出没有研究提及市场因素，因此本章选用政府政策及市场环境作为外部环境的两个变量。

综上所述，本章在感知价值的基础上，结合外部环境的调节作用分析各项因素对消费者购买意愿的影响，为企业和政府推进新能源汽车发展战略及改善新能源汽车消费现状提供参考。

第三节　模型的构建及假设的提出

（一）理论基础

1. 顾客感知价值的维度模型

Sheth 将感知价值分为功能性价值、社会性价值、情感性价值、认知性价值和情境性价值，如表 10.1 所示。

表 10.1　Sheth 感知价值维度划分表

维度	含义
功能性价值	产品或服务能够满足消费者需求的功能或属性
社会性价值	顾客使用产品或服务，可以获得社会群体的认同或符合社会规范
情感性价值	产品或服务具有改变消费者情绪或满足情感的能力
认知性价值	产品或服务可以满足消费者好奇心，为消费者提供新的或不同的经验
情境性价值	产品或服务提供的效用与情境无关，但会受到情境的压力

Sweeney 通过对耐用品进行研究分析，将感知价值分为价格价值、质量价值、情感价值和社会价值，如表 10.2 所示。

表 10.2　Sweeney 感知价值维度划分表

维度	含义
价格价值	产品长期或短期成本的减少带来的效用
质量价值	产品的质量或功能带来的效用
情感价值	产品带来的情感的效用
社会价值	产品能够提高社会自我的效用

王永贵以金融行业为背景，在 Sweeney 模型的基础上进行改变，认为价格价值没有体现出消费者失去的利益，因此将感知价值分为功能价值、情感价值、社会价值、感知价值，如表 10.3 所示。

表 10.3　王永贵感知价值维度划分表

维度	含义
功能价值	产品能够满足消费者需求的功能或属性
情感价值	产品带来的情感的效用
社会价值	产品能够提高社会自我的效用
感知价值	在购买产品过程中的支出总和

2. 态度-情境-行为模型

Guagnano 提出了态度-情境-行为模型，该模型强调外部情境因素的作用，比以往的环境模型添加了情境因素的影响，认为行为是受消费者态度和所处情境共同影响下做出的决定，如图 10.1 所示。态度变量主要包括意向、价值观等；情境

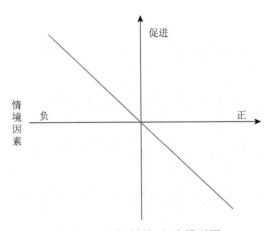

图 10.1　态度-情境-行为模型图

因素主要包括制度、社会风气等。当情境因素较弱或不存在时，行为主要受态度的正负影响，而当情境因素有强烈的正向或负向影响时，态度与行为无关。

（二）研究模型构建

本章依据上述感知价值维度模型及态度-情境-行为模型来探究浙江省新能源汽车购买意愿的影响因素。

依据感知价值维度，结合新能源自身的特点，本章将自变量感知价值划分为价格价值、质量价值、使用价值、情感价值四个维度。依据态度-情境-行为模型，本章将外部环境因素分为政府政策及市场环境两方面，外部环境因素作为调节变量影响着感知价值与购买意愿的关系。此外，人口统计特征也是研究消费者行为的一个重要因素。综上，构建模型如图 10.2 所示。

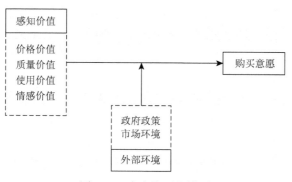

图 10.2　本章的研究模型

感知价值是消费者对产品或服务的一种主观的评价，在一定程度上影响着消费者的购买意愿。

价格价值是指产品长期或短期成本的减少带来的效用。购买新能源汽车可以享受中央和地方双重财政补贴，在购车初期就可享受到价格上带来的优惠，此外长期使用新能源汽车还可以节省油耗，减少燃油费。因此，提出假设 H1。

H1：价格价值对新能源汽车的购买意愿存在正向影响关系

质量价值是指由产品的质量或功能带来的效用。新能源汽车还处于推广阶段，人们对于产品的质量还不够了解，对新能源汽车的质量还留有疑虑。因此，提出假设 H2。

H2：质量价值对新能源汽车的购买意愿存在正向影响关系

使用价值是指新产品的使用方式与原来的进行对比带来的效用。新能源汽车虽然是对传统汽车进行的改造，但其使用原理还是与传统汽车相一致的，在使用上只是比原先增加了充电操作。因此，提出假设 H3。

H3：使用价值对新能源汽车的购买意愿存在正向影响关系

情感价值是指消费者购买、消费某一产品带来的情感上的效用，消费者在进行购买决策时，往往会受到自己情绪的影响。新能源汽车可以节约成本，减少污染，给消费者带来舒适的感觉，同时新能源汽车还能体现个人的绿色环保观念，帮助树立积极健康的个人形象。因此，提出假设 H4。

H4：情感价值对新能源汽车的购买意愿存在正向影响关系

政府政策往往是调节整个产业，为推进产业更好更快发展而制定相应的财政、推广等政策，有力地拉动消费、促进经济。在新能源汽车产业发展过程中，离不开政府政策的大力支持，相关财政补贴、基础设施建设等让越来越多的消费者愿意了解新能源汽车，从而刺激消费。因此，提出假设 H5a、H5b、H5c、H5d。

H5a：政府政策对新能源汽车价格价值与购买意愿关系具有调节作用

H5b：政府政策对新能源汽车质量价值与购买意愿关系具有调节作用

H5c：政府政策对新能源汽车使用价值与购买意愿关系具有调节作用

H5d：政府政策对新能源汽车情感价值与购买意愿关系具有调节作用

市场环境对企业的生产经营活动具有直接导向作用，通过对市场环境的分析可以了解需求分析，掌握消费者对于产品的需求，才能帮助企业更好地制定策略。新能源汽车作为新兴产业，由于自身技术、配套设施等的不完善，市场相对还未稳定，现阶段竞争力不比传统汽车，可以假设新能源汽车的市场环境改善后会促进产业的发展，从而提高消费者的购买意向。因此，提出假设 H6a、H6b、H6c、H6d。

H6a：市场环境对新能源汽车价格价值与购买意愿关系具有调节作用

H6b：市场环境对新能源汽车质量价值与购买意愿关系具有调节作用

H6c：市场环境对新能源汽车使用价值与购买意愿关系具有调节作用

H6d：市场环境对新能源汽车情感价值与购买意愿关系具有调节作用

（三）问卷设计

在参考了国内外关于新能源汽车研究的文献并结合浙江省消费者及新能源汽车的特点二者的共同作用下，编制了本问卷，以便了解浙江省消费者对新能源汽车及其政策、市场的认知与意向。

本问卷主要分为四大板块：

第一部分，人口统计变量。主要了解被调查者的个人信息，包括性别、年龄、职业、家庭收入等特征。

第二部分，外部情境因素。主要包括政府政策和市场环境两方面，调查消费者认为能影响其对新能源汽车购买意向的具体政策措施及市场情况。外部环境因素问题如表 10.4 所示。

表 10.4　外部环境因素测量问项

变量	测量问项
政府政策	政府对新能源汽车实行政策补贴
	政府加强基础设施建设
	政府对新能源汽车进行宣传推广
	新能源汽车免摇号
市场环境	新能源汽车技术成熟
	新能源汽车市场稳定
	新能源汽车竞争力提升

第三部分，感知价值因素。本章在已有的感知价值维度基础上，结合新能源汽车自身特点，将感知价值划分为价格价值、质量价值、使用价值、情感价值。感知价值因素问题如表 10.5 所示。

表 10.5　感知价值因素测量问项

变量	测量问项
价格价值	纯电动汽车用电能代替燃油，花费小
	混合动力汽车油耗小，花费相对较小
	新能源汽车有购车补贴
质量价值	新能源汽车安全性能高
	新能源汽车电池使用寿命长
	新能源汽车续航能力强
使用价值	新能源汽车与传统汽车使用方法相似
	新能源汽车充电操作简单
	新能源汽车内部操作智能化
情感价值	使用新能源汽车让我感到舒适
	新能源汽车与我的环保理念相符
	新能源汽车可以展现我的个人形象

第四部分，购买意愿因素。不同学者对于购买意愿的测量方式有所不同，本章将购买意愿分为愿意、优先考虑、推荐三个程度来进行测量，购买意愿问题如表 10.6 所示。

表 10.6　购买意愿因素测量问项

变量	测量问项
购买意愿	我愿意购买新能源汽车
	我会优先考虑购买新能源汽车
	我会向他人推荐新能源汽车

综上所述，本章量表的构成如表 10.7 所示。

表 10.7　问卷量表

研究变量	题项
问卷是否有效	Q1
人口统计变量	Q2～Q8
外部情境因素	Q9～Q10
感知价值因素	Q11～Q14
购买意愿因素	Q15

为了保证数据分析的准确性，本章问卷测量方式采用利克特量表：1 分表示非常不重要；2 分表示不重要；3 分表示一般；4 分表示重要；5 分表示非常重要。

第四节　数据分析

（一）信度和效度分析

1. 信度分析

由于本章采用问卷调查法，为了保证问卷调查的一致性和稳定性，在正式进行问卷发放前，要对量表进行信度分析。通过信度分析，我们可以了解问卷题项是否有效，作为是否修正的依据，但信度系数仅是代表问卷可靠的一个必要条件，并不能当做测量最终目标。

本章采用 Cronbach α 信度系数（内部一致性系数）对问卷进行信度检测。

通常 Cronbach α 系数的值在 0～1。不同研究者对系数界定有不同的看法，一般认为 α 系数不超过 0.6 时内部一致信度不足；α 系数在 0.6～0.7 时认为可以接受；α 系数在 0.7～0.8 时认为信度较好；α 系数在 0.8 以上时认为信度非常好。

从表 10.8 中可以看出，政府政策、市场环境和情感价值的 α 系数都在 0.7～0.8，表明信度较好；价格价值、质量价值、使用价值和购买意愿 α 系数在 0.8 以上，表明信度较高，各项指标具有很好的内部一致性，因此本章的问卷具有可靠的准确性。

表 10.8　信度分析

变量	题序	校正项总计相关性（CITC）	项已删除的 α 系数	α 系数
政府政策	9（1）	0.528	0.669	0.731
	9（2）	0.554	0.652	
	9（3）	0.535	0.664	
	9（4）	0.475	0.700	
市场环境	10（1）	0.592	0.713	0.773
	10（2）	0.659	0.641	
	10（3）	0.576	0.727	
价格价值	11（1）	0.774	0.710	0.841
	11（2）	0.686	0.799	
	11（3）	0.662	0.821	
质量价值	12（1）	0.695	0.819	0.852
	12（2）	0.766	0.750	
	12（3）	0.707	0.807	
使用价值	13（1）	0.701	0.825	0.856
	13（2）	0.778	0.753	
	13（3）	0.709	0.817	
情感价值	14（1）	0.607	0.654	0.758
	14（2）	0.633	0.626	
	14（3）	0.528	0.747	
购买意愿	15（1）	0.706	0.853	0.869
	15（2）	0.766	0.801	
	15（3）	0.778	0.788	

各项 CITC 值也都达到了 0.3 以上，"项已删除的 α 系数"各项系数也都小于它们相对应的 α 系数，证明各项问题都可以保留，无须进行修改。

2. 效度分析

为了保证问卷的有效性，需对问卷进行效度分析。效度是指测量工具能够预测所需测量事物的结果是否符合考察内容的准确程度，效度与准确度成正比，测量结果与考察内容吻合度越高，则效度越高；测量结果与考察内容无关度越高，则效度越低。

本章对结构效度进行检测，主要参考 KMO（kaiser-Meyer-Olkin）值和 p 值两项。KMO 取值范围为 0～1，小于 0.6 时，说明效度不佳；0.6～0.7 说明效度可接受；0.7～0.8 说明效度适合，0.8 以上说明效度高。

p 值是指事件发生的可能性，一般以 $0.01 < p < 0.05$ 表示显著，$p < 0.01$ 表示非常显著。

（1）自变量的效度分析

从表 10.9 中可以看出，价格价值和情感价值两个自变量的 KMO 值在 0.6～0.7，说明效度可接受，质量价值和使用价值的 KMO 值在 0.7～0.8，说明效度适合。p 值结果都为 0.000，证明非常显著。因子载荷系数和共同度都大于 0.4，说明各项题目都是合理的，无须进行修改。

表 10.9　感知价值的效度分析

变量	题号	因子载荷系数	共同度	KMO 值	Bartlett 球形值	p 值
价格价值	11（1）	0.908	0.825	0.700	467.810	0.000
	11（2）	0.860	0.739			
	11（3）	0.845	0.714			
质量价值	12（1）	0.862	0.743	0.721	488.107	0.000
	12（2）	0.903	0.815			
	12（3）	0.870	0.757			
使用价值	13（1）	0.866	0.749	0.720	506.901	0.000
	13（2）	0.908	0.825			
	13（3）	0.871	0.758			
情感价值	14（1）	0.838	0.702	0.679	281.416	0.000
	14（2）	0.852	0.727			
	14（3）	0.775	0.601			

（2）调节变量的效度分析

从表 10.10 中可以看出，政府政策的 KMO 值在 0.7～0.8，说明效度适合；市场环境的 KMO 值在 0.6～0.7，表明效度可接受。p 值都为 0.000，表明非常显著。因子载荷系数和共同度也都大于 0.4，说明各项题目都是合理的，无须修正。

表 10.10　外部环境的效度分析

变量	题号	因子载荷系数	共同度	KMO 值	Bartlett 球形值	p 值
政府政策	9（1）	0.755	0.570	0.711	306.282	0.000
	9（2）	0.773	0.597			
	9（3）	0.754	0.568			
	9（4）	0.698	0.487			
市场环境	10（1）	0.820	0.673	0.690	300.715	0.000
	10（2）	0.861	0.741			
	10（3）	0.809	0.655			

（3）因变量的效度分析

从表 10.11 中可以看出，因变量 KMO 值在 0.7～0.8，表明效度适合。p 值为 0.000，说明非常显著。因子载荷系数和共同度都大于 0.4，各项题目都是合理的。

结合信度和效度的结果，我们了解到所发放的问卷符合检验，各变量下所设计的问题也符合检验，无须进行修改或删除。接下来便可以正式发放问卷以回收数据了。

表 10.11　购买意愿的效度分析

变量	题号	因子载荷系数	共同度	KMO 值	Bartlett 球形值	p 值
购买意愿	15（1）	0.865	0.748	0.730	550.530	0.000
	15（2）	0.899	0.809			
	15（3）	0.906	0.821			

（二）数据回收

本次调查问卷的对象为浙江省消费者。共回收问卷 381 份，其中 12 份为无效问卷，最终有效数据为 369 份。问卷判定表如表 10.12 所示。

表 10.12　问卷判定表

特征	选项	样本数	百分比
了解程度	没听说过	12	3.2%
	听说过	194	50.9%
	比较了解	151	39.6%
	非常了解	24	6.3%

（三）描述性分析

从表 10.13 中可以看出，被调查者男性占比 52.6%，女性占比 47.4%，男女比例接近 1：1，表明研究不存在性别上的差异。

从年龄、学历和职业层次中可以看出调查对象年龄主要集中于 20～40 岁，学历在本科以上的占到了 66.4%，职业主要为学生、普通职员和公务、事业单位人员。可以看出被调查者多属于年纪轻、学历高的群体。这个群体的人们正是新能源汽车购买的主要对象，他们年轻，正需要自己的第一辆车或是想要换车，而他们的高学历也让他们在一定程度上对新能源汽车的相关概念有所了解。因此本章的研究具有实际的参考价值。

表 10.13　人口统计变量统计表

特征	选项	样本数	百分比
性别	男	194	52.6%
	女	175	47.4%
年龄	20 岁及以下	27	7.3%
	21～30 岁	144	39.0%
	31～40 岁	120	32.5%
	41～50 岁	63	17.1%
	51 岁及以上	15	4.1%
学历	高中及以下	36	9.8%
	大专	88	23.8%
	本科	184	49.9%
	硕士及以上	61	16.5%
职业	公务、事业单位人员	70	19.0%
	普通职员	112	30.4%
	学生	139	37.7%
	企业高层	12	3.2%
	其他	36	9.7%

从表 10.14 中可以看出，约七成的被调查者家庭年收入在 15 万元以下，约八成的被调查者购车预算在 20 万元以下。可以看出，购车预算基本与家庭收入持平，预算与收入成正比，购车一般是一个家庭的决定，因此消费者购车的价格区间主要受家庭总收入的影响。

表 10.14 人口统计变量统计

特征	选项	样本数	百分比
家庭年收入	5 万元以下	60	16.3%
	5 万~10 万元	127	34.4%
	10 万~15 万元	79	21.4%
	15 万~20 万元	38	10.3%
	20 万元以上	65	17.6%
购车预算	10 万元以下	97	26.3%
	10 万~15 万元	148	40.1%
	15 万~20 万元	60	16.2%
	20 万~25 万元	21	5.7%
	25 万元以上	43	11.7%

从表 10.15 中可以看出，影响消费者购买新能源汽车最大的问题是核心技术问题，占到了 39.8%，就核心技术中最关键的电池来说，人们对于电池的续航能力、充电速度等十分关心，认为还没有达到想要的程度。第二大问题是配套设施的建设，占到了 24.1%，配套设施不能满足消费者这一需求矛盾一直是新能源汽车发展的阻碍之一，住宅小区建桩难，充电难的问题也很大程度阻碍了私人购买。

表 10.15 新能源汽车存在问题统计

特征	选项	样本数	百分比
最大阻碍	安全质量问题	43	11.7%
	核心技术（如电池）	147	39.8%
	价格问题	64	17.3%
	配套设施	89	24.1%
	维修费用较高	26	7.1%

（四）相关分析

相关分析是用于研究两个变量之间密切程度的一种分析方法，本章采用 Pearson 相关系数对相关数据进行计算，来衡量变量间的线性关系，在 SPSS（statistical product and service solutions，统计产品与服务解决方案）相关分析中数值后带有 **表示在 0.01 水平（双侧）显著相关，带有*表示在 0.05 水平（双侧）相关。

1. 感知价值与购买意愿的相关分析

从表 10.16 中可以看出，四个变量对购买意愿的系数为 0.641**、0.645**、0.607**、0.690**，都在 0.01 水平（双侧）显著相关，且为正相关。

表 10.16　因变量与自变量的相关分析

		价格价值	质量价值	使用价值	情感价值	购买意愿
价格价值	Pearson 相关性	1	0.746**	0.663**	0.721**	0.641**
	显著性（双侧）		0.000	0.000	0.000	0.000
	N	369	369	369	369	369
质量价值	Pearson 相关性	0.746**	1	0.747**	0.689**	0.645**
	显著性（双侧）	0.000		0.000	0.000	0.000
	N	369	369	369	369	369
使用价值	Pearson 相关性	0.663**	0.747**	1	0.663**	0.607**
	显著性（双侧）	0.000	0.000		0.000	0.000
	N	369	369	369	369	369
情感价值	Pearson 相关性	0.721**	0.689**	0.663**	1	0.690**
	显著性（双侧）	0.000	0.000	0.000		0.000
	N	369	369	369	369	369
购买意愿	Pearson 相关性	0.641**	0.645**	0.607**	0.690**	1
	显著性（双侧）	0.000	0.000	0.000	0.000	
	N	369	369	369	369	369

注：N 表示样本数，下同。

2. 外部环境对购买意愿的相关分析

表 10.17 中，外部环境的两个变量相关系数为 0.576**、0.550**，表明都在 0.01 的水平（双侧）显著相关，且都为正相关。

表 10.17　调节变量与自变量的相关分析

		政府政策	市场环境	购买意愿
政府政策	Pearson 相关性	1	0.767**	0.576**
	显著性（双侧）		0.000	0.000
	N	369	369	369
市场环境	Pearson 相关性	0.767**	1	0.550**
	显著性（双侧）	0.000		0.000

续表

		政府政策	市场环境	购买意愿
市场环境	N	369	369	369
购买意愿	Pearson 相关性	0.576**	0.550**	1
	显著性（双侧）	0.000	0.000	
	N	369	369	369

结合表 10.15 和表 10.16，可知自变量与调节变量都与因变量存在正相关关系，为下一步回归分析做好了铺垫。

（五）回归分析

回归分析是通过确认因变量和自变量来确定二者之间的因果关系及依赖程度的一种统计学方法。本章选用线性回归分析法，用于检验感知价值的四个维度与购买意愿之间是否存在因果关系，以及它们关系的正负向，验证假设 H1、H2、H3、H4。

1. 因变量与自变量的线性回归分析

从表 10.18 中可以看出，F 值为 110.161，Sig 值为 0.000，可知回归效果非常显著，感知价值与购买意愿存在线性回归关系。四个变量的 Sig 值都小于 0.05，回归效果显著，回归系数都为正，表明感知价值的四个变量与购买意愿呈正向关系，所以假设 H1、H2、H3、H4 成立。

表 10.18　感知价值与购买意愿的回归分析

模型		非标准化系数		标准系数	t	Sig	共线性统计量	
		B	标准误差	试用版			容差	VIF
1	（常量）	0.204	0.174		1.172	0.242		
	价格价值	0.178	0.066	0.159	2.699	0.007	0.357	2.805
	质量价值	0.187	0.065	0.180	2.884	0.004	0.319	3.137
	使用价值	0.129	0.059	0.122	2.167	0.031	0.393	2.541
	情感价值	0.400	0.060	0.370	6.685	0.000	0.405	2.467
R		0.740ª						
R^2		0.543						
F		110.161				Sig		0.000ª

2. 调节变量的分层回归分析

调节变量是指因变量 Y 与自变量 X 的关系受到第三个变量 M 的影响，会影响因变量和自变量之间关系的方向和强弱。本章针对外部情境因素对感知价值与购买意愿之间关系的调节作用进行研究，采用分回归分析的方法。

（1）政府政策对感知价值与购买意愿关系的调节分析

从表 10.19 中可以看出，模型一中判定系数 R^2 的值为 0.411、0.433、0.442，呈现上升的趋势，价格价值与政府政策交互项的 t 值为 2.361，Sig 值为 0.019，小于 0.05，所以效果显著，调节作用成立。同时交互项的回归系数 B 为 0.115，呈正向显著，因此政府政策对价格价值与购买意愿之间的关系具有正向调节作用，假设 H5a 成立。

模型二中判定系数 R^2 的值为 0.416、0.435、0.442，呈现上升的趋势，质量价值与政府政策交互项的 t 值为 2.029，Sig 值为 0.043，小于 0.05，所以效果显著，调节作用成立。同时交互项的回归系数 B 为 0.102，呈正向显著，因此政府政策对质量价值与购买意愿之间的关系具有正向调节作用，假设 H5b 成立。

模型三中判定系数 R^2 的值为 0.369、0.422、0.431，呈现上升的趋势，使用价值与政府政策交互项的 t 值为 2.385，Sig 值为 0.018，小于 0.05，所以效果显著，调节作用成立。同时交互项的回归系数 B 为 0.129，呈正向显著，因此政府政策对使用价值与购买意愿之间的关系具有正向调节作用，假设 H5c 成立。

模型四中判定系数 R^2 的值为 0.476、0.514、0.515，呈现上升的趋势，情感价值与政府政策交互项的 t 值为 0.603，Sig 值为 0.547，大于 0.05，所以调节作用不成立，假设 H5d 不成立。

表 10.19　政府政策对感知价值与购买意愿关系的调节表

模型		非标准化系数		标准误差	t	Sig	层次回归描述统计		
		B	标准误差	试用版			R^2	F	Sig
对价格价值与购买意愿之间关系的调节	价格价值	0.715	0.045	0.641	16.011	0.000	0.411	256.361	0.000[a]
	价格价值	0.531	0.066	0.476	8.078	0.000	0.433	139.878	0.000[b]
	政府政策	0.296	0.079	0.222	3.766	0.000			
	价格价值	0.122	0.185	0.110	0.662	0.508			
	政府政策	−0.171	0.213	−0.128	−0.802	0.423	0.442	96.276	0.000[c]
	政府政策*	0.115	0.049	0.675	2.361	0.019			
	价格价值								
对质量价值与购买意愿之间关系的调节	质量价值	0.672	0.042	0.645	16.169	0.000	0.416	261.434	0.000[a]
	质量价值	0.507	0.062	0.487	8.171	0.000	0.435	141.010	0.000[b]
	政府政策	0.281	0.080	0.210	3.527	0.000			

续表

模型		非标准化系数		标准误差	t	Sig	层次回归描述统计		
		B	标准误差	试用版			R^2	F	Sig
对质量价值与购买意愿之间关系的调节	质量价值	0.148	0.187	0.142	0.791	0.429			
	政府政策	−0.137	0.221	−0.103	−0.622	0.534	0.442	96.180	0.000^c
	政府政策*	0.102	0.050	0.621	2.029	0.043			
	质量价值								
对使用价值与购买意愿之间关系的调节	使用价值	0.643	0.044	0.607	14.647	0.000	0.369	214.525	0.000^a
	使用价值	0.425	0.056	0.402	7.557	0.000	0.422	133.785	0.000^b
	政府政策	0.413	0.071	0.309	5.818	0.000			
	使用价值	−0.052	0.208	−0.049	−0.250	0.803			
	政府政策	−0.094	0.224	−0.070	−0.420	0.675	0.431	92.229	0.000^c
	政府政策*	0.129	0.054	0.764	2.385	0.018			
	使用价值								
对情感价值与购买意愿之间关系的调节	情感价值	0.745	0.041	0.690	18.252	0.000	0.476	333.147	0.000^a
	情感价值	0.581	0.050	0.539	11.719	0.000	0.514	193.847	0.000^b
	政府政策	0.331	0.061	0.248	5.392	0.000			
	情感价值	0.476	0.182	0.441	2.620	0.009			
	政府政策	0.229	0.180	0.171	1.271	0.204	0.515	129.129	0.000^c
	政府政策*	0.027	0.045	0.158	0.603	0.547			
	情感价值								

（2）市场环境对感知价值与购买意愿关系的调节分析

从表 10.20 中可以看出，模型一中判定系数 R^2 的值为 0.411、0.423、0.445，呈现上升的趋势，价格价值与政府政策交互项的 t 值为 3.803，Sig 值为 0.000，小于 0.05，所以效果显著，调节作用成立。同时交互项的回归系数 B 为 0.149，呈正向显著，因此市场环境对价格价值与购买意愿之间的关系具有正向调节作用，假设 H6a 成立。

模型二中判定系数 R^2 的值为 0.416、0.428、0.446，呈现上升的趋势，质量价值与政府政策交互项的 t 值为 3.477，Sig 值为 0.001，小于 0.05，所以效果显著，调节作用成立。同时交互项的回归系数 B 为 0.131，呈正向显著，因此政府政策对质量价值与购买意愿之间的关系具有正向调节作用，假设 H6b 成立。

模型三中判定系数 R^2 的值为 0.369、0.420、0.433，呈现上升的趋势，使用价值与政府政策交互项的 t 值为 2.932，Sig 值为 0.004，小于 0.05，所以效果显著，调节作用成立。同时交互项的回归系数 B 为 0.125，呈正向显著，因此政府政策对使用价值与购买意愿之间的关系具有正向调节作用，假设 H6c 成立。

模型四中判定系数 R^2 的值为 0.476、0.491、0.491，没有呈现出一直上升的趋势，情感价值与政府政策交互项的 t 值为 0.566，Sig 值为 0.547，大于 0.05，所以调节作用不成立，假设 H6d 不成立。

表 10.20　市场环境对感知价值与购买意愿关系的调节表

模型		非标准化系数		标准误差	t	Sig	层次回归描述统计		
		B	标准误差	试用版			R^2	F	Sig
对价格价值与购买意愿之间关系的调节	价格价值	0.715	0.045	0.641	16.011	0.000	0.411	256.361	0.000[a]
	价格价值	0.582	0.067	0.522	8.730	0.000	0.423	133.912	0.000[b]
	市场环境	0.193	0.072	0.160	2.676	0.008			
	价格价值	0.059	0.152	0.053	0.387	0.699			
	市场环境	−0.376	0.166	−0.311	−2.270	0.024	0.445	97.380	0.000[c]
	市场环境*价格价值	0.149	0.039	0.891	3.803	0.000			
对质量价值与购买意愿之间关系的调节	质量价值	0.672	0.042	0.645	16.169	0.000	0.416	261.434	0.000[a]
	质量价值	0.547	0.061	0.525	8.968	0.000	0.428	136.932	0.000[b]
	市场环境	0.196	0.071	0.162	2.770	0.006			
	质量价值	0.085	0.146	0.082	0.584	0.560			
	市场环境	−0.299	0.159	−0.248	−1.887	0.060	0.446	98.085	0.000[c]
	市场环境*质量价值	0.131	0.038	0.807	3.477	0.001			
对使用价值与购买意愿之间关系的调节	使用价值	0.643	0.044	0.607	14.647	0.000	0.369	214.525	0.000[a]
	使用价值	0.458	0.053	0.433	8.616	0.000	0.420	132.490	0.000[b]
	市场环境	0.345	0.061	0.285	5.675	0.000			
	使用价值	−0.005	0.167	−0.005	−0.031	0.975			
	市场环境	−0.125	0.171	−0.103	−0.730	0.466	0.433	93.026	0.000[c]
	市场环境*使用价值	0.125	0.043	0.751	2.932	0.004			
对情感价值与购买意愿之间关系的调节	情感价值	0.745	0.041	0.690	18.252	0.000	0.476	333.147	0.000[a]
	情感价值	0.627	0.054	0.581	11.635	0.000	0.491	176.308	0.000[b]
	市场环境	0.197	0.060	0.163	3.268	0.000			
	情感价值	0.543	0.159	0.503	3.424	0.009			
	市场环境	0.124	0.143	0.102	0.864	0.204	0.491	117.427	0.000[c]
	市场环境*情感价值	0.022	0.038	0.129	0.566	0.547			

（六）模型修正

根据上述数据分析，对本章的假设做出如下总结，如表 10.21 所示。

表 10.21 假设结论

	假设	结论
H1	价格价值对新能源汽车的购买意愿存在正向影响关系	成立
H2	质量价值对新能源汽车的购买意愿存在正向影响关系	成立
H3	使用价值对新能源汽车的购买意愿存在正向影响关系	成立
H4	情感价值对新能源汽车的购买意愿存在正向影响关系	成立
H5a	政府政策对新能源汽车价格价值与购买意愿关系具有调节作用	成立
H5b	政府政策对新能源汽车质量价值与购买意愿关系具有调节作用	成立
H5c	政府政策对新能源汽车使用价值与购买意愿关系具有调节作用	成立
H5d	政府政策对新能源汽车情感价值与购买意愿关系具有调节作用	不成立
H6a	市场环境对新能源汽车价格价值与购买意愿关系具有调节作用	成立
H6b	市场环境对新能源汽车质量价值与购买意愿关系具有调节作用	成立
H6c	市场环境对新能源汽车使用价值与购买意愿关系具有调节作用	成立
H6d	市场环境对新能源汽车情感价值与购买意愿关系具有调节作用	不成立

基于上述总结，对本章的模型进行修正，如图 10.3 所示。

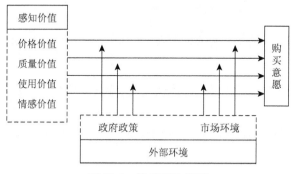

图 10.3 修正后的模型

第五节 结论与建议

（一）主要研究结论

如何提高消费者的购买意愿是当前新能源汽车产业要解决的重要问题之一，

本章以感知价值为自变量，外部环境为调节变量对浙江省新能源汽车购买意愿影响因素进行研究。研究表明，感知价值的价格、质量、使用、情感四个维度与购买意愿呈正相关，并且在回归分析中 Sig 值都小于 0.05，回归效果显著，回归系数也为正，因此感知价值对购买意愿呈正向影响，即感知价值越大，购买意愿越强烈，反之同理。基于此，政府和企业针对感知价值的价格、质量、使用、情感四个维度出发制定相关策略，可增强消费者的感知价值，提高购买意愿，促进购买行为的发生。

根据分层回归分析，可以看出外部环境的两个变量政府政策和市场环境对价格价值、质量价值、使用价值与购买意愿之间的关系显著性都小于 0.05，有正向调节关系，但对情感价值与购买意愿间的关系却没有调节作用。政府政策主要体现在购买补贴、基础设施建设以及对企业的一些扶持上，能够让消费者在价格价值、质量价值及使用价值上感受到政策带来的变化，但在情感上并不能提高消费者的感受，因此政府应加强对绿色环保的宣传，树立节约环保的理念，提升消费者的情感感知；市场环境主要体现在技术、竞争力等方面，随着新能源汽车技术的成熟、市场的扩大，价格会逐步合理，质量会有所提高，使用也会更加方便于消费者，但并不能提高消费者的情感价值，因此新能源汽车产业应提高服务质量，为消费者提供完善的售前、售中、售后服务，提高消费者的信任、尊重感，促进情感价值的提升。

外部环境中的政府政策和市场环境对价格、质量、使用价值与购买意愿的关系具有正向调节作用，但对情感价值与购买意愿的关系没有调节作用。基于此，企业和政府可以采取相应措施推动新能源汽车产业更好、更快地发展。

（二）相关建议

1. 政府层面

（1）财政手段。新能源汽车由于技术新进、产量少等特点使得其价格会比同品类的传统汽车售价高，而对消费者来说，他们偏向选择同类产品中价格低的，因此政府通过给予消费者购买补贴或免征购置税等形式降低消费者购买时的价格，有助于提高消费者的购买意愿。对企业来说，政府给予一定的经济补助会激励企业更好地提高生产水平，有助于新能源汽车研发与发展。

由于"新能源汽车骗补"事件的曝光，政府对新能源汽车产业相关政策进行了整改，降低了补贴力度。在目前阶段，新能源汽车产业仍然需要政府财政政策上的支持，消费者对新能源汽车的接受程度还不高，补贴力度的下降应当做到平稳，循序渐进，政府要制定合理的补贴额度，并对企业生产的新能源汽车进行有效监管，只有合格车辆才能拿到相应补贴，防止"骗补"事件再次发生。主要针对企业技术研发进行补贴，对普通消费者来说，新能源汽车最大的用途是交通工具，因此企业只有提高自身产品性能，如电池续航能力等，才能吸引消费者。

（2）基础设施建设。新能源汽车有别于传统汽车，它是通过电力提供动力的，因此新能源汽车要考虑充电等问题。目前，浙江省目前已建成集中式充换电站 187座、分散式充电桩 11 000 余个，但主要集中在经济发展较好的几个城市，周边城市仍需建设。此外，有些小区无法安装充电桩，在自家门口充电难的问题也是影响消费者不购买新能源汽车的一个重要原因。因此，政府不仅要加强对公共区域基础设施的建设，还要鼓励新老小区进行充电桩安装，方便新能源汽车车主的出行。

（3）加强宣传引导。政府对新能源汽车环保、节能、健康的特点进行宣传，倡导绿色出行，有助于民众加强对新能源汽车的关注，提高对新能源汽车的认知，影响购买意愿。同时政府加强对节约资源、绿色环保观念的宣传，引导人们树立环保的理念，引发对绿色环保产品的关注，带动绿色产品的消费。同时，政府要以身作则，率先在政府部门及公共交通领域使用新能源汽车，做出表率。

（4）完善新能源汽车产业相关政策。随着新能源汽车的不断发展，政府对其采取的措施不能是一成不变的，要随着发展阶段的变化而变化，制定明确的行业标准，建立有效的监督管理，确立合理的激励措施。

2. 企业层面

（1）加强技术创新，提高产品质量。本章初步调查结果显示，从消费者角度出发，新能源汽车现在最大的问题是电池，现阶段的电池充电时间长、续航能力不足等问题都阻碍着消费者对新能源汽车的购买意愿，只有不断加强技术创新，在电池以及整车的安全性能等方面提升，才能促进消费者的购买。同时，现阶段新能源汽车由于技术先进造价高，同品类新能源汽车销售价格远高于传统汽车，但随着技术的不断创新，汽车的成本也会有所降低，使新能源汽车走向大众。

（2）加强品牌建设。我国传统汽车产业无法在国际上形成竞争力的一大原因是没有自己的知名品牌，人们在选购产品时，习惯挑选自己听过或使用过的品牌的产品，品牌形象的建设有助于形成消费者的顾客忠诚。全球汽车产业现今都处于新能源汽车发展初期，在这一阶段，我们有机会去打造属于我国的新能源汽车知名品牌，带领中国汽车走向全世界。

（3）操作智能化、简单化。如今是网络信息的时代，人们生活离不开互联网，而浙江省更是互联网强省，这里有充足的数据资源和先进的网络技术，可以通过与汽车的结合，建立智能化汽车服务交互系统，提高汽车的使用价值。同时，新能源汽车作为需要充电的汽车，其充电操作在保证安全的基础上应当简单便捷，使消费者容易学习。

（4）提升服务质量。情感价值对消费者的购买起正向影响作用，企业应对工作人员的服务能力进行培训，保证顾客在售前、售中、售后都能获得满意的服务，提高顾客对企业产品的信任及好感，进而推动宣传，不仅赢得了顾客，还会带来潜在顾客的关注。

（5）企业加强宣传。一个企业无论处于何种阶段，都不能停止对自身的宣传，企业可以通过广告投放、媒体报道为产品提高知名度，举办车展来让消费者零距离观察新能源汽车等，这些手段都可以提升消费者对新能源汽车的认知。但要保证宣传内容的真实可靠，才能赢得消费者的信任。

第十一章　新兴技术创新驱动下战略性新兴产业政策组合链条

战略性新兴产业发展的实质是新兴技术的产业化，新兴技术能否顺利实现产业化决定了战略性新兴产业能否由萌芽状态发展成为国民经济中的主导产业。从某种意义上讲，未来国家、产业和企业间的竞争，在很大程度上将是对新兴技术产业化发展的竞争。新兴技术对原有技术知识体系的依赖性相对较弱，为我国新兴产业的跨越式发展提供了巨大的机会窗口。而我国巨大的本土市场需求以及逐步增强的国内领军企业研发能力为我们跃迁至新兴技术的国际前沿带来难得的机遇。但新兴的技术机会只是为后发国家提供了在新兴产业领域实现领先或赶超的可能性，如果后发国家不具备适宜的制度土壤和资源基础，那么战略性新兴产业并不会自然成长。本章在辨识当前我国在推动新兴技术发展政策方面存在的问题的基础上，分析政策的组合及其生命周期管理，重点研究了政策窗口开启与关闭的触发机制。研究表明，构建一条与新兴技术发展轨迹契合，且能覆盖战略性新兴产业不同发展阶段的政策组合链条具有重要的现实意义（姜黎辉，2014b）。

第一节　问题的提出

多个产业的技术演化历程表明，技术渐进性发展路径会被突变性变化所打断，如近年来出现的合成化学技术（combinatorial chemistry）、蛋白质组技术（proteomics）、生物信息技术（bioinformatics）、网络计算技术（grid computing）、燃料电池技术（fuel cell）以及可见光通信（visible light communication，VLC）技术等。这些技术均属于新兴技术，在技术发展路径上出现了跳跃性变化，且技术范式发生了重大迁移。

技术的突变性变化往往会改变产业原有的竞争基础，这为中国企业实现"弯道超车"提供了宝贵的机会。王元等（2003）指出，国家间的竞争在很大程度上已经转化为战略技术的竞争，而战略技术多是诞生于技术的突变性变化之中。与原有成熟技术相比，突变性变化的新兴技术在初期发展阶段中不确定性很高，且市场估值偏低，存在显著的"市场失灵"现象，这需要政府发挥独特作用，从技术研发、产业规划和市场培育等不同方面制定政策以促进新兴技术的发展。

我国在推动新兴技术发展的政策制定和实施方面存在诸多问题，归纳起来，主要体现在"四化"现象方面，即政策主体之间的行为"离散化"，使得政策体系在新兴技术演进路径上分布呈现"碎片化"，政策动态调整机制的缺失而造成政策执行的"黏性化"，最终使得政策体系与新兴技术演进路径之间出现"分离化"。因此，构建一条与新兴技术发展轨迹高度契合，且能覆盖新兴技术不同发展阶段的政策组合链条具有重要现实意义。

第二节　新兴技术的阶段性演进特征与政策组合链条研究

大量实证研究表明，产业演进的阶段性是客观存在的，产业演化阶段研究集中体现为产业生命周期理论（张志彤等，2015）。从技术创新角度来研究产业演化，最具代表性的是 Abernathy 和 Utterback 提出的 A-U 模型，其将产业演化分为三个动态的阶段，即流动模式阶段（fluid pattern）、过渡模式阶段（transitional pattern）和稳定模式阶段（specific pattern）。其最大的创造性贡献，在于揭示产品创新和工艺创新之间遵循着与时间序列相关的规律，并且以主导设计的形成时间为节点，两者呈现出此消彼长的关系。Anderson 和 Tushman（1990）对新兴技术的技术范式、技术轨道和主导设计之间关系作出解释，认为一个新技术产生于技术的非连续状态，经过技术之间的激烈竞争后产生主导设计范式，并随后进入渐变变革阶段，直到新的非连续状态出现为止，如图 11.1 所示。

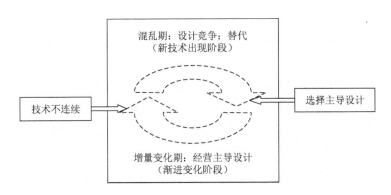

图 11.1　技术生命周期

资料来源：Anderson P C，Tushman M L. Technological discontinuities and dominant design：A cyclical model of technology change[J]. Administrative Science Quarterly，1990，35（4）：604-633

Ehrnberg（1995）系统研究了新兴技术的演变特征。技术的突变性变化体现在福斯特 S 曲线非连续性跳跃点上，它既可以是从技术生命周期中一个子循环转移到另外一个子循环，也可以是从一个技术生命周期转移到另外一个技术生命周期。该研究将新兴技术演进的导向与结果分为两个大类：一是在原有产业中，新技术对旧技术的替代；二是新技术孕育出一个崭新的产业。例如，就无线通信领域而言，4G 与 3G 通信技术的关系就是在已有产业中新技术对旧技术的替代关系，而复旦大学正在研发的可见光通信技术则意味着一个崭新的产业正在孕育之中。

新兴技术的整个发展历程是由多个里程碑式演进阶段构成的，结合 Moore（2005）相关研究，这里我们将新兴技术发展历程分为：技术突变孕育期、技术龙卷风期（同时存在多个技术发展路径）、技术大道期（相互竞争的技术标准归一化）、产业链架构期（新的产业在形成）、市场鸿沟期（市场需求存在高度不确定性）和市场大道期（市场趋于成熟）。新兴技术演进历程具有显著的阶段性、多重性和动荡性等特征。多项研究表明，产业技术政策、国际合作政策、产业投融资政策和市场培育政策在新兴技术不同演进阶段中的作用敏感性存在很大差异。例如，在技术龙卷风期，政府应对由两个以上的企业构建的研发联盟采用研发补贴政策，而在产业链架构期阶段，政府应对风险投资公司采用倾斜式税收优惠政策，与其他政策相比，在同样财政资源消耗的情况下，这两种政策的实施效果十分显著。

新兴技术不是一个单纯的技术概念，而是一个动态发展的过程。新兴技术从发现、获取到市场上广泛应用的动态演进历程，进而形成战略性新兴产业是极为复杂的过程，呈现典型的阶段性特征。针对新兴技术阶段性演进特征，需要构建一条与新兴技术演进路径高度契合且能覆盖新兴技术不同发展阶段的政策组合链条，突破单一政策工具的局限性，以提高整个政策体系的动态适应性。

在新兴技术变化情景下，政策体系应如同将卫星推向预定轨道的多级火箭一样，第一子级首先启动，工作完毕后通过分离机构被抛弃掉，接着，其上面子级火箭依次工作并被依次抛弃，直至将有效载荷送入预定轨道。

从跨越新兴技术的各个演进阶段来看，政策体系应呈现串联式特征，不同的政策接力式开启、运行与关闭，直至完成新兴技术演进路径的使命；而在新兴技术每一演进阶段中，如同多个火箭并排同时工作以加大推力一样，政策体系在该阶段中可呈现并联式特征，多个政策同时运行，如图 11.2 所示。

在新兴技术变化情景下，具有串并联结构特征的政策组合链条具有以下显著优势：第一，政策主体依据新兴技术演进的阶段性特征来规划政策，设置政策力度和运行时间，以使政策推力处于最佳工作状态，从而更好、更快地助推新兴技术创新走完在该阶段中的演进路径；第二，每项政策既可以独立工作，也可与其他政策进行有效组合，在完成其政策使命后，适时终止并脱离政策体系，以免消耗更多的财政资源，这样可有效提高整个政策体系的运作效率。

构建政策组合链条的前提之一是，决策主体需有能力根据新兴技术阶段性演进特征，适时从其政策工具箱中选择恰当的政策工具并加以组合应用。政策选择的过程往往也是政策学习（policy learning）的过程。政策学习分为内生学习与外

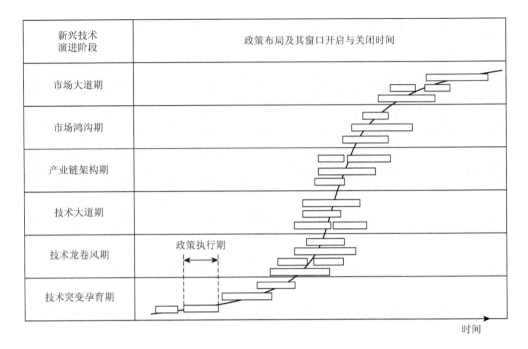

图 11.2　基于新兴技术发展轨迹的混合型政策链条

生学习（干咏昕，2010）。内生学习是根据过去政策执行效果和外部环境最新变化特征，对过去的政策进行再创新，而外生学习则是决策主体之间的相互借鉴和交流。

　　跨国家层面的政策学习已是全球化时代的基本特征之一（王程韡，2011）。欧盟的决策研究表明，成员国乐于学习欧盟委员会所提供的解决问题的标准化途径，同时，某些成员国家会关注其他国家提出的包含了新想法的政策议案，并改变原先的政策偏好（Eising，2002）。政策学习有助于推动政策从被动反应性向主动适应性变迁。

　　为了更有效地进行跨国家层面的政策学习，国内政策主体需要构建政策环境扫描与分析平台，用于监控和分析欧美、日本和韩国政策演变趋势与政策创新模式，如图 11.3 所示。政策主体应将相关国家行之有效的研发促进政策、产业布局政策以及市场培育政策进行系统收集和归纳分析，运用知识管理工具，对政策规划流程、政策实施效果和政策终结模式等各个环节的关键知识点进行提炼和研究，在此基础上，依据新兴技术的阶段性演进特征建立最佳政策实践知识库，以作为政策主体的政策重要创新来源之一。

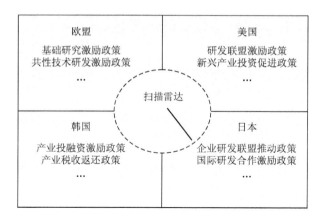

图11.3　跨国家层面的政策环境扫描与分析平台

第三节　政策窗口开启的触发机制研究

在新兴技术变化情景下，要使政策体系真正发挥其效力，关键是要对各个政策的生命周期做好管理，如图11.4所示。

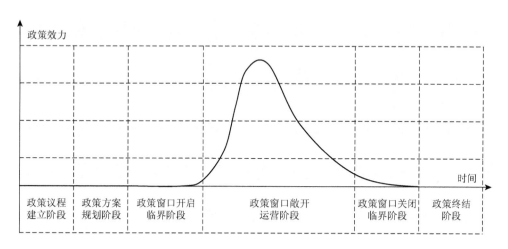

图11.4　政策的生命周期管理

美国学者金登提出"政策窗口"的概念，强调政策主体要在外部环境演变的关键当口适时开启政策窗口，这样可使政策发挥最佳推力，否则，一旦错失良机，在造成更多财政资源消耗的同时，政策主体将失去对外部环境演变趋势的掌控力。研究政策窗口开启与关闭的触发机制具有重要的应用价值。

政策窗口开启的触发机制就是政策实施的催化剂，触发机制一旦激活，与政策执行相关的各个环节将按照一定的规则和程序开始启动。作为政策实施的推动力量，触发机制取决于三个因素的相互作用，即新兴技术发展路径上的里程碑式事件、政策规划和执行细则以及相关的财政资源，这三个因素相互作用的结果决定着触发机制激活与否，如图11.5所示。

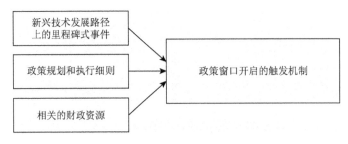

图11.5　政策窗口开启的触发机制

新兴技术发展路径上的里程碑式事件发生的时间、作用强度和影响范围直接影响着政策窗口开启的时机。例如，在2011年，德国物理学家哈拉尔德·哈斯和他的团队利用闪烁的灯光来传输数字信息，预示着通信领域中的一种新兴技术——可见光通信技术的诞生；在2013年，复旦大学信息学院迟楠教授所在课题组在实验室利用可见光通信技术，创造了最高单向传输速率3.7GB/s的世界纪录，这具有里程碑式意义的研发进展节点意味着可见光通信技术在应用研究方向上获得了重大突破，上海市政府适时牵头建立以复旦大学、上海宽带中心和上海技术物理所等单位为主的研发联盟，并出台多项产业激励政策，以使可见光通信技术尽快成熟并带动一批产业。

为了有效辨识新兴技术演进路径上的重要进展节点及其内在结构特征，需建立新兴技术成熟度的评价体系，该体系需要具有关键性、简明性、可比性和全面性等特征。目前，美国和英国等国家推行九级技术成熟度（technology readiness level，TRL）评价体系，将技术的成熟度划分为TRL1~TRL9，TRL1代表基本理论的建立，TRL9代表产品及其功能在使用环境中得到验证（安茂春和王志健，2008），该评价体系可作为政策动态调整的重要依据之一，如图11.6所示。

政策窗口能否顺利开启，还取决于另外两个关键因素：首先是政策规划与执行细则是否完成；其次是与政策相关的财政资源储备是否就位。对于后者，这就是通常所说的"三军未动，粮草先行"。一般来说，政策是社会利益的再配置，与政策相关的财政资源丰裕程度直接影响政策的选择空间及其生命周期。例如，美国政府新能源汽车产业补贴政策的财政资源是来源于对石油企业更高的税收，根据《2007能源促进和投资法案》（*Energy Advancement and Investment Act of 2007*），美国政府向石油企业征收290亿美元的税收，用于资助那些开发替代能源和清洁能源的企业。

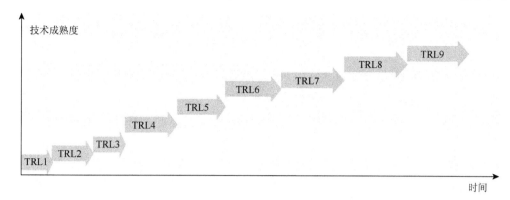

图 11.6 新兴技术发展的成熟度等级

当政策窗口开启后，如果相关的财政资源进入枯竭状态，该项政策不得不提前终止，这将对相关产业造成致命伤害。例如，在 20 世纪 80 年代，美国是全球风电的领导者，在美国政府优惠政策的激励下（投资风电可以获得联邦政府 25%的税率优惠），新建和安装了 12 000 台风电机组，相当于当时全世界风电机组数量的 95%。由于后续的财政资源无法及时到位，1985 年美国政府突然终止了联邦政府的补贴政策，导致风电设备生产制造企业一蹶不振，最终导致欧洲替代美国成为风电领域的领跑者（曹瑄玮和刘洪涛，2010）。

政策决策主体在开启政策窗口前，应对相关财政资源的输入与消耗的速率、持续时间以及波动程度进行多种情形的推演与模拟，以保证政策在其执行期内能够获得可持续性的财政资源支持来完成其使命，如图 11.7 所示。

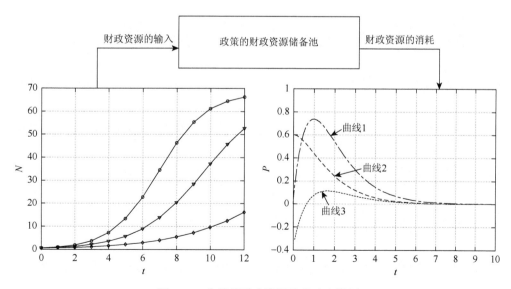

图 11.7 政策的财政资源储备动态模拟

第四节　政策窗口的敞开运行期研究

在政策窗口的敞开运行期内，政策主体需建立政策效果的动态显示板，相关内容应包括政策的渗透率（政策受益企业的数量与扩散速度）以及政策对产业结构的影响，如图 11.8 所示。基于对政策效果的监控与分析，政策主体适时地调整政策的内涵与力度。

财政部、科学技术部、国家能源局于 2009 年启动"金太阳"工程，采取财政补助方式支持不低于 500MW 的光伏发电示范项目，对光伏发电装机投资的 50%给予财政补助，对于偏远无电地区的独立光伏发电系统，按总投资的 70%给予财政补助。然而，政策实施的效果并不理想，出现了低价高报和东挪西建等不良现象（冯春林，2012）。实践证明，没有跟踪就没有控制，存在监管漏洞的激励政策对产业难以产生预期的效果。

在经济合作与发展组织（Organization for Economic Cooperation and Development, OECD）国家内部，正在应用政策效果显示板——创新趋势图，它由创新分数表、企业分数表、结构指标和研发指标四个分值表加权汇总而成，指标涉及 18 个领域的 100 多个变量。基于多层次结构化数据，政策效果显示板以全景图的方式为政策主体提供了可视化决策信息支持平台，政策主体通过对政策执行过程的监控，动态优化政策，从而有效减少了政策执行过程中的"黏性化"现象。

第五节　政策窗口关闭的触发机制研究

在新兴技术变化的情景下，当政策在完成其使命时，政策主体需适时关闭政策窗口，由市场的"无形之手"来接替政府的"有形之手"。

中国太阳能电池板行业在国家财政补贴下不断扩张，其产能已远远超出当前市场需求，在国外市场需求出现波动后，该行业可谓哀鸿遍野。由此看出，如果产业政策支持过度，不仅大量消耗国家的财政资源，而且会强化该产业对政策的依赖性，使其丧失竞争活力。因此，政策主体需建立政策窗口关闭的触发机制，以有效管理政策的生命周期。

政策窗口关闭的触发机制与两个关键因素密切相关，即政策使命是否完成以及财政资源是否可持续，当两者其一抵达相关临界点时，政策窗口关闭的触发机制将被激活，与政策终止相关的环节将按照一定的规则和程序开始启动，如图 11.9 所示。当政策使命抵达预期临界点时，政策窗口的关闭属于主动型，它是政策主体对产业环境的演进态势适时做出的预期反应；而当政策的财政资源支出抵达临界点，政策主体无法再为政策执行提供后续的财政资源时，这时的政策窗口关闭属于被动型，在这种情形下，政策突然的"急刹车"往往会对产业造成意想不到的损害。

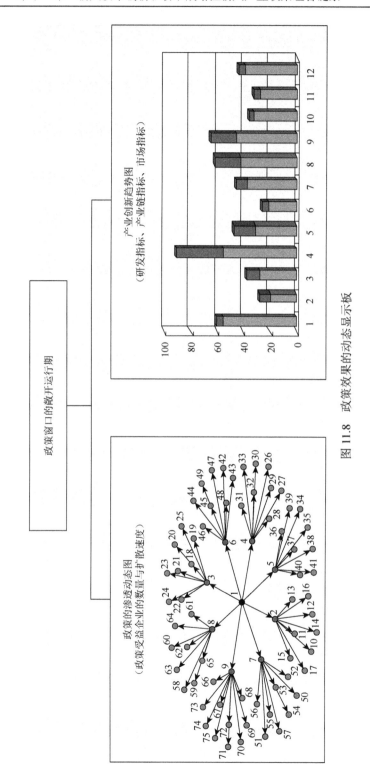

图 11.8　政策效果的动态显示板

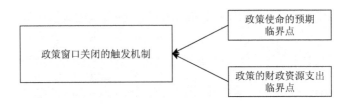

图 11.9　政策窗口关闭的触发机制

新兴技术通常是按照福斯特 S 曲线轨迹进行演进的，在新兴技术诞生后的阶段，技术性能提高速度相对缓慢，而且这种情形往往会持续相当长一段时间，随之，新兴技术进入快速发展期，其与产业中原有主导技术之间的性能缺口会加速缩小，直至超越，如图 11.10 所示。就风电技术而言，中国风电产业的学习率为 12.7%（邸元等，2012），即当风电累计装机容量增加 2 倍时，风电的单位投资成本因技术创新进步而下降 12.7% 左右，依此可有效预测风电价格降至与常规火电价格相当的时间点。

在 2009 年 6 月，工业和信息化部针对纯电动汽车出台财政补贴政策，每台纯电动汽车的财政补贴高达 6 万元，以期实现补贴用户—销售量增加—激励汽车厂家加大研发投入—纯电动汽车性价比提高的良性循环。当前，纯电动汽车与常规动力汽车之间的性价比缺口在逐步缩小，预计在 2020 年左右，纯电动汽车技术的发展将进入与常规动力汽车性价比相当的临界区域，那时政策主体应适时降低政策力度直至关闭政策窗口。

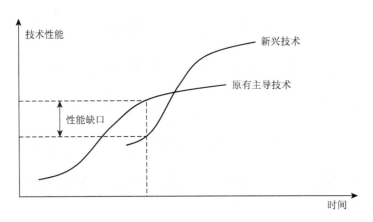

图 11.10　新兴技术与原有主导技术之间性能缺口的动态变化

政策窗口的关闭有两种方式：一是建立政策自动终结机制，像日落立法，政策主体根据政策问题和时限的特点，预先建立起终结的期限，在终结之日完全取消政策；二是设计政策延续门槛或标准，政策主体根据外部环境演进的具体情形，制定政策延续以及政策力度递减的客观标准。例如，《德国可再生能源法》针对光伏产业技术进步的情形，实施了财政补贴政策的递减机制，2009 年 1 月～2012 年 1 月，德国政府实施了多次财政补贴的动态递减措施。

第六节　政策协同平台研究

在新兴技术变化的情景下，要使各项政策产生正向互动作用，政策与政策之间需形成动态有机耦合关系。然而在现实经济中，由于政府职能的划分，财政资源、权力资源、信息资源和制度资源实际是由分散在政府不同层面的不同部门把控。在这种情形下，政策的缺位与错位造成政策体系在新兴技术演进路径上的分布呈现"碎片化"现象。

要使各政策主体的政策工具、政策力度、政策目标及其政策效果等关键信息纳入战略管理状态以实现控制、协调和沟通，需建立政策的协同平台，从而实现横向协同与纵向协同。所谓的横向协同是指政府同一层面的政策主体之间关系的协调，而纵向协同是指中央、省级、地市级等不同层面的政策主体之间关系的协调，如图 11.11 所示。

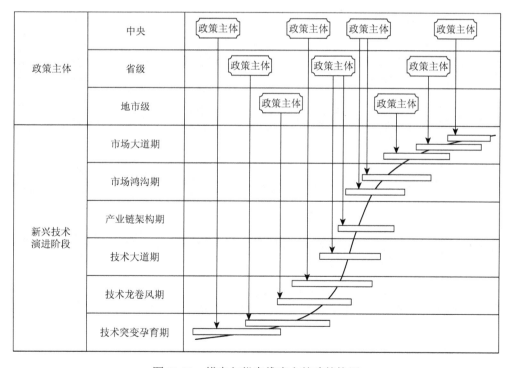

图 11.11　横向与纵向维度上的政策协同

政策协同平台需要为各政策主体展现基于新兴技术演进路径的政策组合链条全景图，它既要包括各政策主体的政策工具类型、政策客体特征、政策效果以及政策窗口开启与关闭等政策信息，同时要涵盖研发、投资以及市场等方面的产业信息。各政策主体在政策协同平台上可就政策的关键节点（政策议程、政策方案、政策窗口开启、效果评估与政策窗口关闭）建立动态协调关系，根据新兴技术发展轨迹适时解构原有政策体系并引入新的政策架构，这就需要政策主体同时走政策构建和解构的双重途径。

在政策协同平台上，各政策主体在政策规划和实施方面的短期、中期和长期的协调能力将决定整个政策架构的转换时机、转换力度和转换速度，从而对整个政策体系的动态适应性和最终政策效果产生决定性影响。

第七节　结论与政策启示

为了更好地把握新兴技术带来的宝贵机会，以使中国企业顺利实现"弯道超车"的战略目标，亟须解决当前我国在推动新兴技术发展的政策方面存在的"离散化"、"碎片化"、"黏性化"和"分离化"现象，构建一条与新兴技术演进路径高度契合，且能覆盖新兴技术不同发展阶段的政策组合链条。

新兴产业对于带动经济社会发展，提升国家竞争实力具有重大意义。政策主体应在政策管理实践中系统研究基于新兴技术阶段性演进特征的战略性新兴产业的演进规律，分析研究产业技术政策、国际合作政策、产业投融资政策和市场培育政策等不同类型的政策在新兴技术各个演进阶段的作用敏感性，基于新兴技术演进路径和战略性新兴产业演进规律构建起政策组合链条，适时掌控政策窗口开启与关闭的最佳时机，借助政策协同平台，建立战略性新兴产业政策的横向与纵向协同关系，使得政策与政策之间形成动态有机耦合体，以更好、更快地实现整个政策体系的战略目标。

参 考 文 献

安茂春，王志健. 2008. 国外技术成熟度评价方法及其应用[J]. 评价与管理，（2）：1-3.

柴华奇，宋德强，刘永振. 2010. 中国区域高技术产业技术创新效率测度研究[J]. 情报杂志，29（8）：105-109.

曹瑄玮，刘洪涛. 2010. 基于制度主义视角的低碳创新：丹麦、德国和美国发展风电产业的启示[J]. 管理学家（学术版），（1）：3-21.

陈傲，柳卸林. 2011. 突破性技术从何而来？——一个文献评述[J]. 科学学研究，（9）：1281-1290.

陈洪转，羊震，张之艳. 2008. 基于群决策 DEA 的高技术产业科技活动效率评价[J]. 软科学，22（8）：101-104.

陈继勇，周琪. 2012. 新兴技术产业化演进及其对中国战略性新兴产业发展的启示[J]. 湖北社会科学，（11）：66-69.

陈劲. 2015. 智慧聚展：企业基于商业和创新生态体系的战略[M]. 杭州：浙江大学出版社.

陈劲，阳银娟. 2012. 协同创新的理论基础与内涵[J]. 科学学研究，（2）：161-164.

陈劲，郑刚. 2016. 创新管理：赢得持续竞争优势[M]. 3 版. 北京：北京大学出版社.

陈骑兵，马铁丰. 2012. 基于 DEA 交叉评价的四川省高技术产业技术创新效率动态研究[J]. 科技管理研究，（16）：57-60.

陈威如，余卓轩. 2013. 平台战略：正在席卷全球的商业模式革命[M]. 北京：中信出版社：29-46.

陈衍泰，程鹏，梁正. 2012. 影响战略性新兴产业演化的四维度因素分析——以中国风机制造业为例的研究[J]. 科学学研究，（8）：1187-1197.

成海清，李敏强. 2007. 顾客价值概念内涵、特点及评价[J]. 西北农林科技大学学报（社会科学版），（2）：34-38.

成力为，孙玮，王九云. 2011. 要素市场不完全视角下的高技术产业创新效率——基于三阶段 DEA-Windows 的内外资配置效率和规模效率比较[J]. 科学学研究，29（6）：930-938.

程贵孙，芮明杰. 2013. 战略性新兴产业理论研究新进展[J]. 商业经济与管理，（8）：75-83.

程进，韩玉启，陈小文. 2004. 我国技术引进创新时滞的实证分析[J]. 科研管理，（4）：1-7.

程军，赵娟. 2006. 油价上涨对我国汽车行业的影响分析[J]. 上海汽车，（12）：12-14.

程强，顾新. 2014. 知识链管理研究进展与评述：基于知识活动的视角[J]. 情报理论与实践，（5）：124-129.

程跃，银路，李天柱. 2011. 不确定环境下企业创新网络演化研究[J]. 科研管理，（1）：29-34，51.

池仁勇，张济波. 2007. 区域创新与区域经济发展的相关性与时滞性：基于浙江省的实证研究[J]. 科学进步与对策，（12）：36-39.

崔峰，包娟. 2010. 浙江省旅游产业关联与产业波及效应分析[J]. 旅游学刊，25（3）：13-20.

戴万亮，杨皎平，敖丽红. 2013. 创新政策对高技术产业 R&D 活动效率的影响——基于 AHP 和 SE_DEA 模型[J]. 中央财经大学学报，（10）：70-74，96.

邸元，崔潇潇，刘晓鸥. 2012. 中国风电产业技术创新对风电投资成本的影响[J]. 数量经济技术
　　经济研究，（3）：140-150.

丁勇，刘婷婷. 2011. 基于 DEA 模型的航空制造业创新效率研究——以天津为例[J]. 经济问题，
　　（6）：57-60，71.

董军，李小华，何存道. 1998. 影响消费者购买意向的因素研究[J]. 人类工效学，（3）：26-29，72.

董秋霞，高长春. 2012. 基于模块化理论的创意产业集群知识创新系统运行机制及协同发展评价
　　研究[J]. 科技进步与对策，（16）：110-114.

樊友平，陈静宇. 2000. 公司战略联盟选择的决策方法研究[J]. 中国软科学，（8）：102-105.

费钟琳，魏巍. 2013. 扶持战略性新兴产业的政府政策——基于产业生命周期的考量[J]. 科技进
　　步与对策，（3）：104-107.

冯春林. 2012. 中国光伏产业政策及效果评价研究[J]. 重庆科技学院学报（社会科学版），18：66-69.

冯锋，马雷，张雷勇. 2011. 两阶段链视角下我国科技投入产出链效率研究——基于高技术产业
　　17 个子行业数据[J]. 科学学与科学技术管理，32（10）：21-26，34.

冯军政，刘洋，魏江. 2013. 如何驱动不连续创新：组织学习视角的案例研究[J]. 科研管理，（4）：
　　24-33.

冯缨，滕家佳. 2010. 江苏省高技术产业技术创新效率评价[J]. 科学学与科学技术管理，（8）：
　　107-112.

冯志军，陈伟. 2013. 技术来源与研发创新全要素生产率增长——基于中国区域大中型工业企业
　　的实证研究[J]. 科学学与科学技术管理，34（3）：33-41.

符国群. 2000. 消费者行为学[M]. 北京：高等教育出版社.

干咏昕. 2010. 政策学习：理解政策变迁的新视角[J]. 东岳论丛，（9）：153-156.

高建，石书德. 2007. 北京和上海高技术产业的技术创新差异研究[J]. 研究与发展管理，19（6）：
　　85-91，107.

高建，魏平. 2007. 新兴技术的特性与企业的技术选择[J]. 科研管理，28（1）：47-52.

高伟，柳卸林. 2013. 嵌入全球产业链对中国新兴产业突破性创新的影响研究[J]. 科学学与科学
　　技术管理，（11）：31-42.

顾群，翟淑萍. 2013. 高技术产业知识产权保护、金融发展与创新效率——基于省级面板数据的
　　研究[J]. 软科学，27（7）：42-46.

顾新，郭耀煌，李久平. 2003. 社会资本及其在知识链中的作用[J]. 科研管理，24（5）：44-48.

官建成，陈凯华. 2009. 我国高技术产业技术创新效率的测度[J]. 数量经济技术经济研究，（10）：
　　19-33.

郭磊. 2013. 基于产业关联视角的中国工业行业技术创新效率研究[D]. 合肥：中国科学技术
　　大学.

韩晶. 2010. 中国高技术产业创新效率研究——基于 SFA 方法的实证分析[J]. 科学学研究，28（3）：
　　467-472.

杭州市人民政府. 2016. 杭州市人民政府、浙江省发展和改革委员会、浙江省科学技术厅关于印
　　发《杭州城西科创大走廊规划》的通知.

何玮. 2003. 我国大中型工业企业研究与开发费用支出对产出的影响——1990～2000 年大中型
　　工业企业数据的实证分析[J]. 经济科学，（3）：5-11.

何郁冰，梁斐. 2013. 企业开放式创新中知识链模型及管理策略[J]. 科技进步与对策，30（16）：

147-151.

贺骁，宁军明. 2009. 广东高新技术产业全要素生产率的估算[J]. 商业时代，(21)：118-119，123.

侯亮，唐仁仲，徐燕申. 2004. 产品模块化设计理论、技术与应用研究进展[J]. 机械工程学报，40（1）：56-61.

胡斌，汪泓. 2014. 战略性新兴产业发展的需求创新政策框架体系设计[J]. 工业技术经济，(5)：117-123.

胡冬云，陶丹. 2012. 面向行业产业的协同创新中心运行机制研究[J]. 中国高校科技，(11)：22-24.

胡园园，顾新，程强. 2015. 知识链协同效应作用机理实证研究[J]. 科学学研究，(4)：585-594.

黄海霞，张治河. 2015a. 基于 DEA 模型的我国战略性新兴产业科技资源配置效率研究[J]. 中国软科学，(1)：150-159.

黄海霞，张治河. 2015b. 中国战略性新兴产业的技术创新效率——基于 DEA-Malmquist 指数模型[J]. 技术经济，34（1）：21-27.

黄鲁成，王亢抗，吴菲菲，等. 2013. 新兴产业研究方法论论纲[J]. 科学学研究，(1)：13-21.

黄永春. 2016. 新兴大国发展战略性新兴产业的追赶时机、赶超路径与政策工具——全球价值链视角[M]. 北京：科学出版社.

黄勇，潘毅刚，施纪平. 2013. 全球竞争背景下我国高新技术产业发展与布局的战略思路——基于浙粤苏鲁四省的比较研究[J]. 全球化，(8)：96-105，123.

霍影. 2012. 战略性新兴产业国内研究成果述评——基于技术分析脉络的理论研究节点梳理[J]. 产业经济评论，(3)：208-221.

姜黎辉. 2009. 组群创新形态下企业合作网络动态控制能力研究[J]. 上海管理科学，31（2）：75-79.

姜黎辉. 2014a. 面向协同创新动态演进的战略信息监控平台研究[J]. 中国科技论坛，(8)：16-22.

姜黎辉. 2014b. 突变性技术创新驱动下政策组合链条研究[J]. 科技进步与对策，(24)：99-103.

姜黎辉. 2015. 移动健康与智慧医疗商业模式的创新地图和生态网络[J]. 中国科技论坛，(6)：70-75.

姜黎辉，张朋柱. 2004. 跨国公司向其在华合资企业技术转移决策系统分析[J]. 科研管理，25（6）：42-49.

姜黎辉，张朋柱，龚毅. 2009. 不连续技术机会窗口的进入时机抉择[J]. 科研管理，(2)：131-138.

姜彤彤. 2013. 中国各省高技术产业全要素生产率研究[J]. 山东师范大学学报（人文社会科学版），(1)：109-115.

蒋樟生，郝云宏. 2012. 知识转移视角技术创新联盟稳定性的博弈分析[J]. 科研管理，(7)：88-97.

金登 J. 2004. 议程、备选方案与公共政策[M]. 2 版. 北京：中国人民大学出版社：206.

李宝山. 1998. 集成管理——高科技时代的管理创新[M]. 北京：中国人民大学出版社.

李凤莲，马锦生. 2002. 企业技术创新与营销的界面管理[J]. 哈尔滨商业大学学报（自然科学版），(5)：593-596.

李红锦，李胜会. 2013. 战略性新兴产业创新效率评价研究——LED 产业的实证分析[J]. 中央财经大学学报，(4)：75-80.

李洪伟，任娜，陶敏. 2013. 我国高技术产业全要素生产率分析-基于三阶段 Malmquist 指数[J]. 技术经济与管理研究，(8)：41-46.

李建功，唐雄燕. 2012. 智慧医疗应用技术特点及发展趋势[J]. 中兴通讯技术，（2）：22-26.

李金华. 2011. 中国战略性新兴产业发展的若干思辨[J]. 财经问题研究，（5）：3-10.

李磊. 2007. 技术引进与R&D的关联机制研究[J]. 南开管理评论，（3）：70-76.

李邃，江可申，郑兵云，等. 2010. 高技术产业研发创新效率与全要素生产率增长[J]. 科学学与科学技术管理，31（11）：169-175.

李涛. 2015. 浙江战略性新兴产业发展的主要制约与破解之策[J]. 统计科学与实践，（2）：10-13.

李万，常静，王敏杰，等. 2014. 创新3.0与创新生态系统[J]. 科学学研究，32（12）：1761-1770.

李向东，李南，白俊红，等. 2011. 高技术产业研发创新效率分析[J]. 中国软科学，（2）：52-61.

李小平. 2007. 自主R&D、技术引进和生产率增长：对中国分行业大中型工业企业的实证研究[J]. 数量经济技术经济研究，2007，（7）：15-24.

李小平，朱钟棣. 2006. 国际贸易、R&D溢出和生产率增长[J]. 经济研究，（2）：31-43.

李欣，黄鲁成. 2014. 基于技术路线图的新兴产业形成路径研究[J]. 科技进步与对策，（1）：44-49.

李欣，黄鲁成. 2016. 战略性新兴产业研发竞争态势分析理论方法与应用[M]. 北京：科学出版社.

梁莱歆，张焕凤. 2005. 高科技上市公司R&D投入绩效的实证研究[J]. 中南大学学报（社会科学版），（2）：232-236.

梁平，梁彭勇，黄馨. 2009. 中国高技术产业创新效率的动态变化——基于Malmquist指数法的分析[J]. 产业经济研究，（3）：23-29.

林志扬，从奎. 2014. 中国省际高技术产业创新效率分析——基于DEA-Malmquist指数[J]. 生产力研究，（2）：1-8，34.

刘秉镰，徐锋，李兰冰. 2013. 中国医药制造业创新效率评价与要素效率解构[J]. 管理世界，（2）：169-171.

刘海潮，李垣. 2004. 动态环境下战略管理研究的新趋势[J]. 科学学研究，22（1）：64-69.

刘和东. 2012. 改革开放中的高新技术产业研发效率研究——基于随机前沿函数的实证分析[J]. 亚太经济，（1）：120-125.

刘洪昌. 2011. 中国战略性新兴产业的选择原则及培育政策取向研究[J]. 科学学与科学技术管理，32（3）：87-92.

刘洪德，史竹青. 2008. 企业成长环境的生态因子探析[J]. 贵州社会科学，（5）：113-116.

刘洪民. 2014-8-25. 优化政策促进战略性新兴产业发展[N]. 中国社会科学报.

刘洪民，杨艳东. 2014. 战略性新兴产业发展特征及其政策动态调整机制的构建[J]. 科学与管理，（6）：66-70.

刘洪民，杨艳东. 2016. 制造业共性技术研发协同知识链及知识流动模型[J]. 科技进步与对策，33（9）：41-46.

刘洪民，杨艳东. 2017. 用户创新与产学研用协同创新激励机制研究[J]. 技术经济与管理研究，（7）：31-34.

刘洪民，韩熠超. 2017. 杭州城西科创大走廊创新生态系统建设的框架构建与政策建议[J]. 科技和产业，（12）：25-29.

刘洪民，姜黎辉，王中魁. 2016a. 战略性新兴产业技术研发的知识管理流程评价[J]. 技术经济与管理研究，（2）：99-103.

刘洪民，姜黎辉，王中魁. 2016b. 制造业共性技术研发的知识管理评价体系构建[J]. 科研管理，

（S1）：379-386.

刘建翠. 2007. R&D 和全要素生产率——基于高技术产业的定量分析[J]. 工业技术经济，（5）：
　　51-54.

刘建翠. 2009. 我国高技术产业各行业 TFP 的比较[J]. 统计与决策，（7）：109-111.

刘兰剑，党兴华. 2007. 合作技术创新界面管理研究及其新进展[J]. 科研管理，（3）：1-8.

刘起运. 2002. 关于投入产出系数结构分析方法的研究[J]. 统计研究，（2）：40-42.

刘腾飞. 2016. 北京消费者新能源汽车购买意愿影响因素研究[D]. 北京：北京林业大学.

刘伟，李星星. 2013. 中国高新技术产业技术创新效率的区域差异分析——基于三阶段 DEA 模
　　型与 Bootstrap 方法[J]. 财经问题研究，（8）：20-28.

刘艳. 2013. 中国战略性新兴产业集聚度变动的实证研究[J]. 上海经济研究，（2）：40-51.

刘云，杨湘浩. 2012. 中国高技术产业的区域研发效率——基于省级面板数据的实证分析[J]. 中
　　国管理科学，20：653-658.

刘志彪. 2011. 科技银行功能构建：商业银行支持战略性新兴产业发展的关键问题研究[J]. 南京
　　社会科学，（4）：1-7.

刘志迎，叶蓁. 2006. 中国高技术产业各行业技术效率的实证分析——基于非参数的 Malmqusit
　　指数方法[J]. 科学学与科学技术管理，（9）：22-27.

刘志迎，叶蓁，孟令杰. 2007. 我国高技术产业技术效率的实证分析[J]. 中国软科学，（5）：
　　133-137.

柳卸林. 2000. 不连续创新的第四代研究开发——兼论跨越发展[J]. 中国工业经济，26（9）：
　　53-58.

柳卸林，孙海鹰，马雪梅. 2015. 基于创新生态观的科技管理模式[J]. 科学学与科学技术管理，
　　36（1）：18-27.

陆国庆. 2011. 战略性新兴产业创新的绩效研究——基于中小板上市公司的实证分析[J]. 南京
　　大学学报（哲学·人文科学·社会科学版），（4）：72-80.

陆国庆，王舟，张春宇. 2014. 中国战略性新兴产业政府创新补贴的绩效研究[J]. 经济研究，
　　2014（7）：44-55.

吕海萍，池仁勇. 2015. R&D 两面性、技术引进与浙江省高技术产业全要素生产率增长[J]. 科技
　　进步与对策，32（12）：67-71.

吕海萍，池仁勇. 2016. 基于产业波及效应视角的浙江省战略性新兴产业技术创新效率研究[J].
　　科技管理研究，36（21）：91-97，122.

吕铁，贺俊. 2013. 技术经济范式协同转变与战略性新兴产业政策重构[J]. 学术月刊，（7）：78-89.

吕铁，贺俊，李晓华. 2014. 技术经济范式协同转变与战略性新兴产业发展[M]. 北京：中国社
　　会科学出版社.

吕岩威，孙慧. 2013a. 中国战略性新兴产业统计分类与发展绩效跟踪[J]. 开发研究，（2）：30-34.

吕岩威，孙慧. 2013b. 中国战略性新兴产业技术效率及其影响因素研究——基于 18 个大类行业
　　面板数据的分析[J]. 科学学与科技管理，34（11）：137-146.

罗利丽. 2006. 外部环境设定与消费者行为的变异：制度视角的阐释[J]. 贵州社会科学，（3）：
　　31-34.

马晓楠，耿殿贺. 2014. 战略性新兴产业共性技术研发博弈与政府补贴[J]. 经济与管理研究，
　　（1）：73-78.

孟群，胡建平，屈晓晖，等.2013. 从生态系统的角度看移动医疗[J]. 中国卫生信息管理杂志，
　　（6）：479-484.

牛泽东，张倩肖.2012. 中国装备制造业的技术创新效率[J]. 数量经济技术经济研究，（11）：
　　51-67.

戚宏亮，王翔宇.2013. 黑龙江高技术产业技术创新效率评价[J]. 科技管理研究，（3）：51-54.

乔威威，罗鄂湘，钱省三.2014. 基于 DEA 的企业技术创新效率研究——以上海战略性新兴产
　　业为例[J]. 技术创新与管理，35（6）：562-566，631.

青木昌彦，安藤晴彦.2003. 模块时代：新产业结构的本质[M]. 上海：上海远东出版社.

任海英，程善宝，黄鲁成.2013. 基于系统动力学的新兴技术产业化策略研究[J]. 科研管理，
　　34（5）：21-31.

任海云，师萍.2009. 公司 R&D 投入与绩效关系的实证研究——基于沪市 A 股制造业上市公司
　　的数据分析[J]. 科技进步与对策，（2）：89-93.

芮明杰，陈娟.2004. 模块化原理对知识创新的作用及相关管理策略分析：以电脑设计为例[J].
　　管理学报，1（1）：25-27.

时省，洪进，赵定涛.2013. 知识密集型服务业对高技术产业两阶段创新效率的影响研究[J]. 中
　　国科技论坛，（1）：43-49.

史俊，田志龙，谢青.2015. 政府如何制定战略性新兴产业政策——以物联网产业为例[J]. 中国
　　科技论坛，（1）：11-16.

司春林.2005. 企业创新空间与技术管理[M]. 北京：清华大学出版社：168-170.

苏竣，张汉威.2014. 技术创新语境下的"示范"：阶段、项目与工具[J]. 中国软科学，（12）：
　　60-69.

孙国民.2014. 战略性新兴产业概念界定：一个文献综述[J]. 科学管理研究，（2）：43-46.

孙建，吴利萍，齐建国.2009. 技术引进与自主创新：替代或互补[J]. 科学学研究，27（1）：133-138.

唐涛，刘志峰，刘光复，等.2003. 绿色模块化设计方法研究[J]. 机械工程学报，39（11）：149-154.

童时中.1999. 模块化原理设计方法及应用[M]. 北京：中国标准出版社.

汪芳.2013. 高技术产业关联理论与实践[M]. 北京：科学出版社.

王昌林，蒋云飞.2008. 我国高技术产业发展及其政策调整[J]. 中国软科学，（8）：30-36.

王程韡.2011. 政策学习与全球化时代的话语权力[J]. 科学学研究，（3）：321-326.

王大鹏，朱迎春.2011. 中国高技术产业生产率增长来源：技术进步还是技术效率[J]. 中国科技
　　论坛，（7）：24-31.

王宏起，田莉，武建龙.2014. 战略性新兴产业突破性技术创新路径研究[J]. 工业技术经济，（2）：
　　87-94.

王华伟，齐园，韩景.2012. 北京高技术产业全要素生产率变动及其对经济增长的影响分析[C].
　　工程和商业管理国际学术会议，上海：17-21.

王凯.2016. 区域创新生态系统情景下产学知识协同创新机制研究[D]. 杭州：浙江大学.

王立平，2005. 我国高校 R&D 知识溢出的实证研究：以高科技产业为例[J]. 中国软科学，（12）：
　　54-59.

王丽芳.2005. 论信息不对称下产品外部线索对消费者购买意愿的影响[J]. 消费经济，（1）：41-42.

王森.2014. 战略性新兴产业研发效率的实证分析——基于不同所有制企业的比较[J]. 生产力
　　研究，（10）：5-8.

王珊珊，许艳真，李力. 2014. 新兴产业技术标准化：过程、网络属性及演化规律[J]. 科学学研究，（8）：1181-1188.

王少永，霍国庆，孙皓，等. 2014. 战略性新兴产业的生命周期及其演化规律研究——基于英美主导产业回溯的案例研究[J]. 科学学研究，（11）：1630-1638.

王伟. 2011. 基于改进 DEA 的中国高技术产业技术创新效率研究[J]. 科技进步与对策，28（17）：119-124.

王颖，李英. 2013. 基于感知风险和涉入程度的消费者新能源汽车购买意愿实证研究[J]. 数理统计与管理，（5）：863-872.

王玉春，郭媛嫣. 2008. 上市公司 R&D 投入与产出效果的实证分析[J]. 产业经济研究，（6）：89-93.

王元，梅永红，胥和平. 2003. 强化战略技术及产业发展中的国家意志[J]. 航天工业管理，（2）：4-7.

王祖强，孙雪芬. 2016. 杭州城西科创大走廊：功能定位与发展思路[J]. 浙江经济，（13）：23-24.

巫强，刘蓓. 2014. 政府研发补贴方式对战略性新兴产业创新的影响机制研究[J]. 产业经济，（6）：41-49.

吴赐联. 2011. 福建省高技术产业全要素生产率变动[J]. 中国高新技术企业，（3）：11-12.

吴福象，王新新. 2011. 行业集中度、规模差异与创新绩效——基于 GVC 模式下要素集聚对战略性新兴产业绩效影响的实证分析[J]. 上海经济研究，（7）：69-76.

吴和成. 2008. 高技术产业 R&D 效率分析[J]. 研究与发展管理，20（5）：83-89.

吴建新，刘德学. 2010. 人力资本、国内研发、技术外溢与技术进步[J]. 世界经济文汇，（4）：89-102.

吴敬琏. 2010. 新兴产业有几个很有希望[J]. 新世纪，（12）：1-5.

吴延兵. 2008. 自主研发、技术引进与生产率[J]. 经济研究，（8）：51-64.

武咸云，陈艳，杨卫华. 2016. 战略性新兴产业的政府补贴与企业 R&D 投入[J]. 科研管理，37（5）：19-23.

武永红，范秀成. 2004. 基于顾客价值的企业竞争力整合模型探析[J]. 中国软科学，（11）：86-92.

席酉民. 2001. 企业外部环境分析[M]. 北京：高等教育出版社.

向永辉，曹旭华. 2014. 创新绩效角度的战略性新兴产业发展实证研究——以新能源产业为例[J]. 商业经济与管理，（3）：33-39.

项国鹏，杨卓. 2014. 战略分析工具：研究脉络梳理及分析框架构建[J]. 科技进步与对策，31（19）：155-160.

肖兴志，谢理. 2011. 中国战略性新兴产业创新效率的实证分析[J]. 经济管理，（11）：26-35.

辛冲，冯英俊. 2011. 企业组织与技术的协同创新研究[J]，研究与发展管理，（1）：37-43.

徐枞巍. 2012-1-9. 高校应成为协同创新的"发动机"[N]. 科技日报.

徐国虎，许芳. 2010. 新能源汽车购买决策的影响因素研究[J]. 中国人口·资源与环境，（11）：91-95.

徐磊. 2002. 如何建立有效的界面——关于技术创新界面管理的探讨[J]. 科研管理，23（3）：79-83.

许箫迪，王子龙，张晓磊. 2014. 战略性新兴产业的培育机理与政策博弈研究[J]. 研究与发展管理，26（1）：1-12.

薛澜，林泽梁，梁正，等. 2013. 世界战略性新兴产业的发展趋势对我国的启示[J]. 中国软科学，
　　（5）：18-26.

薛澜，周源，李应博，等. 2015. 战略性新兴产业创新规律与产业政策研究[M]. 北京：科学出
　　版社.

薛娜，赵曙东. 2007. 基于 DEA 的高技术产业创新效率评价——以江苏省为例[J]. 南京社会科
　　学，（5）：135-141.

严春美，吕晓荣，许云红. 2013. 移动医疗服务技术研究进展与发展前景[J]. 传感器与微系统，
　　（2）：1-3.

杨娜娜. 2013. 高新技术产业技术创新效率测度与分析[D]. 广州：暨南大学.

杨震宇，史占中. 2017. 战略性新兴产业的发展绩效与路径研究[M]. 上海：上海交通大学出
　　版社.

叶锐，杨建飞，常云昆. 2012. 中国省际高技术产业效率测度与分解——基于共享投入关联 DEA
　　模型[J]. 数量经济技术经济研究，（7）：3-17，91.

银路，李天柱. 2009. 新兴技术战略柔性思维研究[J]. 科学学与科学技术管理，（4）：66-72.

尹伟华. 2012a. 基于网络 SBM 模型的区域高技术产业技术创新效率评价研究[J]. 情报杂志，
　　31（5）：94-98，127.

尹伟华. 2012b. 我国区域高技术产业技术创新的效率评价[J]. 统计与决策，（14）：58-61.

尹希果，冯潇. 2012. 我国高技术产业政策效应[J]. 科学学与科学技术管理，（4）：34-43.

余泳泽. 2009. 我国高技术产业技术创新效率及其影响因素研究——基于价值链视角下的两阶
　　段分析[J]. 经济科学，（4）：62-74.

余泳泽，武鹏，林建兵. 2010. 价值链视角下的我国高技术产业细分行业研发效率研究[J]. 科学
　　学与科学技术管理，（5）：60-65.

岳书敬. 2008. 长三角地区高技术产业创新效率的经验分析[J]. 南京社会科学，（5）：13-18.

岳中刚. 2014. 战略性新兴产业技术链与产业链协同发展研究[J]. 科学学与科学技术管理，（2）：
　　154-161.

曾春媛，单鹏飞. 2011. 知识溢出时滞性研究综述[J]. 科技管理研究，（11）：175-179.

曾国平，罗航艳，曹跃群. 2012. 效率增进、技术进步及高技术产业经济的动态增长[J]. 科技进
　　步与对策，29（4）：43-46.

曾国屏，苟尤钊，刘磊. 2013. 从“创新系统”到“创新生态系统”[J]. 科学学研究，31（1）：
　　4-12.

占锐，聂彦鑫. 2010. 补助刺激购买电动汽车购买及补助方式简述[J]. 当代汽车，（2）：51-53.

张国胜. 2013. 技术变革、范式转换与我国产业技术赶超[J]. 中国软科学，（3）：53-65.

张海洋. 2005. R&D 两面性、外资活动与中国工业生产率增长[J]. 经济研究，（5）：107-117.

张经强. 2012. 北京高技术产业技术创新效率评价——基于 2001—2009 年的经验分析[J]. 科技
　　管理研究，（20）：68-71.

张清辉，王建品. 2011. 基于 DEA 的中国高技术产业自主创新效率评价[J]. 科技管理研究，
　　（10）：9-17.

张廷. 2013. 社会资本视角下的地方高校协同创新研究[J]. 中国科技论坛，（4）：16-20.

张琰. 2008. 模块化分工条件下网络状产业链中知识创新研究[D]. 上海：复旦大学.

张琰. 2012. 模块化网络状产业链中知识创新理论模型研究[J]. 华东师范大学学报（哲学社会科

学版），（3）：62-68，153.

张嵋喆，王俊沣. 2011. 培育战略性新兴产业的政策述评[J]. 科学管理研究，（2）：1-6.

张志彤，李天柱，银路，等. 2015. 战略性新兴产业载体配置研究[J]. 科研管理，（4）：73-81.

赵琳，范德成. 2011. 我国高技术产业技术创新效率的测度及动态演化分析——基于因子分析定权法的分析[J]. 科技进步与对策，28（11）：111-115.

赵树宽，余海晴，巩顺龙. 2013. 基于 DEA 方法的吉林省高技术企业创新效率研究[J]. 科研管理，34（2）：36-43，104.

赵伟. 2009. 空间经济学：理论与实证新进展[M]. 杭州：浙江大学出版社.

浙江省人民政府办公厅. 2016. 关于推进杭州城西科创大走廊建设的若干意见.

郑坚，丁云龙. 2008. 高技术产业技术创新的边际收益特性及效率分析[J]. 科学学研究，26（5）：1090-1097.

智瑞芝，朱昭丞. 2013. 高技术产业对浙江省经济增长的贡献研究[J]. 统计科学与实践，（11）：21-23.

中华人民共和国国务院. 2015. 国务院关于印发《中国制造 2025》的通知（国发〔2015〕28 号）.

中华人民共和国国务院. 2017. 国务院关于强化实施创新驱动发展战略进一步推进大众创业万众创新深入发展的意见.

周晶，何锦义. 2011. 战略性新兴产业统计标准研究[J]. 统计研究，28（10）：3-8.

周立群，邓路. 2009. 企业所有权性质与研发效率——基于随机前沿函数的高技术产业实证研究[J]. 当代经济科学，31（4）：70-75.

朱承亮. 2014. R&D 两面性、技术引进与汽车产业生产率增长[J]. 科学学研究，32（8）：1174-1180.

朱平芳，李磊. 2006. 两种技术引进方式的直接效应研究[J]. 经济研究，（3）：90-102.

朱迎春. 2011. 政府在发展战略性新兴产业中的作用[J]. 中国科技论坛，（1）：20-24.

朱有为. 2006. 中国高技术产业研发效率的实证研究[J]. 中国工业经济，（11）：38-45.

朱智贤. 1985. 现代认知心理学评述[J]. 北京师范大学学报，（1）：1-6.

邹文杰. 2012. 基于随机前沿生产函数的福建省高技术产业研发效率研究[J]. 福建师范大学学报（哲学社会科学版），（6）：38-42，48.

Alexander O，Pigneur Y. 2011. 商业模式新生代[M]. 王帅，毛心宇，严威，译. 北京：机械工业出版社：5-12.

Brockhoff K，Hauschildt J. 1997. 官建成，译. 界面管理——无等级的协调[J]. 中外科技政策与管理，（1）：17-21.

Gottfredson M，Aspinal K. 2005. 你的创新支点在哪里[J]. 哈佛商业评论，（11）：124-130.

Iansiti M，Levien R. 2007. 制定战略：从商业生态系统出发[J]. 哈佛商业评论，（10）：25-26.

Moore G A. 2005. 老企业的创新定律[J]. 哈佛商业评论，（4）：118-127.

Orit G，James L G. 2007. 绘出行业的利润池[J]. 哈佛商业评论，（10）：9-12.

Schiffman L G，Kanuk L L. 2001. Consumer Behavior[M]. 北京：清华大学出版社.

Agarwal R，Bayus B L. 2004. Creating and surviving in new industries[J]. Advances in Strategic Management，21（1）：107-130.

Agarwal R，Grassl W，Pahl J. 2012. Meta-SWOT：introducing a new strategic planning tool[J]. Journal of Business Strategy，33（2）：12-21.

Akira G，Kazuyuki S. 1989. R&D capital rate of retrun on R&D investment and spillover of R&D in

Japanese manufacturing industries[J]. The Review of Economics and Statistics. 71（4）：555-564.

Aldrich H E，Martinez M A. 2001. Many are called，but few are chosen：An evolutionary perspective for the study of entrepreneurship[J]. Entrepreneurship Theory and Practice，25（4）：41-56.

Anderson P C，Tushman M L. 1990. Technological discontinuities and dominant design：A cyclical model of technological change[J]. Administrative Science Quarterly，35（4）：604-633.

Andrews K R. 1971. The Concept Strategy[M]. New York：Dow Jones-Irwin.

Babin L A，Babin B J，Boles J S. 1999. The effects of consumer perceptions of the salesperson，product and dealer on purchase intentions[J]. Journal of Retailing & Consumer Services，6（2）：91-97.

Bask A，Lipponen M，Rajahonka M，et al. 2011. Framework for modularity and customizations：Service perspective[J]. Journal of Business & Industrial Marketing，26（5）：306-319.

Benner M J. 2010. Securities analysts and incumbent response to radical technological change：Evidence from digital photography and internet telephony[J]. Organization Science，21（1）：42-62.

Bergek A，Berggren C，Magnusson T，et al. 2013. Technological discontinuities and the challenge for incumbent firms：Destruction，disruption or creative accumulation？[J]. Research Policy，42（6-7）：1210-1224.

Bert S，Geert D. 2008. Strategic technology alliance termination：An empirical investigation[J]. Journal of Engineering and Technology Management，25（4）：305-320.

Bianchi M，Cavaliere A，Chiaroni D，et al. 2011. Organizational modes for open innovation in the biopharmaceutical industry：An exploratory analysis[J]. Technovation，31（1）：22-33.

Brigitte G，Bernard D. 2005. Innovation and network structural dynamics：Study of the alliance network of a major sector of the biotechnology industry[J]. Research Policy，34（10）：1457-1475.

Buenstorf G，Fritsch M，Medrano L F. 2015. Regional knowledge，organizational capabilities and the emergence of the West German laser systems industry，1975-2005[J]. Regional Studies，49（1）：59-75.

Carlsson B，Jacobsson S，Magnus H，et al. 2002. Innovation systems：Analytical and methodological issues[J]. Research Policy，31（2）：233-245.

Casciaro T，Piskorski M J. 2005. Power imbalance，mutual dependence，and constraint absorption：A closer look at resource dependence theory[J]. Administrative Science Quarterly，50（2）：167-199.

Caterina F，Brian W. 2014. Mobile health clinics in the era of reform[J]. American Journal of Managed Care，20（3）：261-264.

Centano M V. 1987. Nature and Determinants of Technological Change：The Peruvian Industrial Sector[A]. London：Macmillan.

Chang C，Stohane R. 2006. Doing R&D and/or importing technologies：The critical importance of firm size in Taiwan's manufacturing industries[J]. Review of Industrial of Organization，29（3）：253-278.

Child J，Rodrigues S B，Tes K T. 2011. The dynamics of influence in corporate co-evolution[J]. Journal of Management Studies，49（7）：1246-1273.

Cohen W, Levinthal D. 1989. Innovation and learning: The two faces of R&D[J]. The Economic Journal, 99: 569-596.

Cooper P. 2003. A research agenda to reduce risk in new product development through knowledge management: A practitioner perspective[J]. Journal of Engineering and Technology Management, 20 (1): 117-140.

Day G S, Hschoemaker P J, Gunther R E. 2000. Wharton on Managing Emerging Technologies[M]. New York: John Wiley & Sons.

Dodds W B, Monroe K B, Grewal D. 1991. Effects of Price, brand and store information on buyers' products evaluations[J]. Journal of Marketing Researeh, 28 (3): 307-319.

Ehrnberg E. 1995. On the definition and measurement of technological discontinuities[J]. Technovation, 15 (7): 437-452.

Eising R. 2002. Policy learning in embedded negotiations: Explaining E U eulectricity liberalization[J]. International Organization, (1): 85-120.

Enzensberger N, Wietschel M, Rentz O. 2002. Policy instruments fostering wind energy projects—A multi-perspective evaluation approach[J]. Energy Policy, 30 (9): 793-801.

Erickcek G A, Watts B R. 2007. Emerging industries: Looking beyond the usual suspects[R]. A Report to WIRED, Boston: 61-83.

Florian N, Pedro F. 2013. Complementarities of internal R&D and alliances with different partner types[J]. Journal of Business Research, 66 (10): 2000-2006.

Forbes D P, Kirsch D A. 2011. The study of emerging industries: Recognizing and responding to some central problems[J]. Journal of Business Venturing, 26 (5): 589-602.

Free C, Phillips G. 2013a. The effectiveness of mobile-health technologies to improve health care service delivery processes: A systematic review and meta-analysis[J]. PLoS Medicine, 10 (1): 1-26.

Free C, Phillips G. 2013b. The effectiveness of mobile-health technology-based health behavior change or disease management interventions for health care consumers: A systematic review[J]. PLoS Medicine, 10 (1): 163-172.

Ganguly A, Nilchiani R, Farr J V. 2010. Defining a set of metrics to evaluate the potential disruptiveness of a techonogy[J]. Engineering Management Journal, 22 (1): 34-44.

Gilsing V, Vanhaverbeke W, Pieters M. 2014. Mind the gap: Balancing alliance network and technology portfolios during periods of technological uncertainty[J]. Technological Forecasting and Social Change, 51: 351-362.

Grilichies Z. 1986. Productivity, R&D, and basic research at the firm level in the 1970s[J]. American Economics Review, (76): 141-145.

Haggett P. 1965. Locational Analysis in Human Geography[M]. London: Edward Arnold.

Halal W E. 2015. Business strategy for the technology revolution: Competing at the edge of creative destruction[J]. Journal of the Knowledge Economy, 6 (1): 31-47.

Heilmann S. 2008. From local experiments to national policy: The origins of China's distinctive policy process[J]. The China Journal, 59 (1): 1-30.

Hekkert M P, Negro S O. 2009. Functions of innovation systems as a framework to understand sustainable technological change: Empirical evidence for earlier claims[J]. Technological Forecasting and Social Change, 76 (4): 584-594.

Hendry C, Harborne P, Brown J. 2010. So what do innovating companies really get from publicly funded demonstration projects and trials? innovation lessons from solar photovoltaics and wind[J]. Energy Policy, 38 (8): 4507-4519.

Hirschman A O. 1958. The Strategy of Economic Development[M]. Boulder: Westview Press Inc. Rev. Edition: 211-214.

Hobday M. 1995. Innovation in East Asia: The Challenge to Japan[M]. Cheltenham: Edward Elgar Publishing.

Hwang V W, Horowitt G. 2012. The Rainforest: The Secret to Building the Next Silicon Valley[M]. Los Altos: Regenwald.

Jacobssons B, Bergek A. 2004. Transforming the energy sector: The evolution of technological systems in renewable energy technology[J]. Industrial and Corporate Change, 13 (5): 815-849.

Jaymin L. 1996. Technology imports and R&D efforts of Korean manufacturing firms[J]. Journal of Development Economics, 50 (1): 197-210.

Johnson A, Jacobsson S. 2003. The emergence of a growth industrya comparative analysis of the German, Dutch and Swedish wind turbine industries[C]//Stanley Metcalfe, Uwe Cantner. International Schumpeter Society, Change, Transformation, and Development. Berlin: Springer.

Katrak H. 1997. The private use of publicly funded industrial technologies in developing countries: Empirical tests for an industrial research institute in India[J]. World Development, 25 (9): 1541-1550.

Kimura F, Kato S, Hata T, et al. 2001. Product modularization for parts reuse in inverse manufacturing[J]. Annals of CIRP, 50 (1): 89-92.

Kingdon J W. 2011. Agendas, Alternatives, and Public Policies[M]. 2nd ed. Harlow: Longman.

Klenner P, Husig S, Dowling M. 2013. Ex-ante evaluation of disruptive susceptibility in established value networks—When are markets ready for disruptive innovations? [J]. Research Policy, 42 (4): 914-927.

Koschatzky K. 2002. Networking and knowledge transfer between research and industry in transition countries: Empirical evidence from the Slovenian innovation system[J]. Journal of Technology Transfer, 27 (1): 27-38.

Krugman P R. 1990. Rethinking International Trade[M]. Boston: MIT Press: 152-164.

Learned E P. 1965. Business Policy: Text and Cases[M]. Homewood: Richard Irwin: 163-183.

Leonard B D. 1992. Core capabilities and core rigidities: A paradox in managing new product development[J]. Strategic Management, (13): 115-125.

Leung R C. 2013. Networks as sponges: International collaboration for developing nanomedicine in China[J]. Research Policy, 42 (1): 211-219.

Lucas H C, Goh J M. 2009. Disruptive technology: How Kodak missed the digital photography revolution? [J]. The Journal of Strategic Information Systems, 18 (1): 46-55.

Levén P, Holmström J, Mathiassen L M. 2013. Managing research and innovation networks: Evidence from a government sponsored cross-industry program[J]. Research Policy, 43 (1): 156-168.

Li X, Zhou Y, Xue L, et al. 2014. Integrating bibliometrics and roadmapping methods: A case of dye-sensitized solar cell technology-based industry in China[J]. Technological Forecasting & Social Change, 97: 205-222.

Lichtenthaler E. 2007. Managing technology intelligence processes in situations of radical technological change[J]. Technological Forecasting & Social Change, 74 (8): 1109-1136.

Lin F R, Hsieh P S. 2014. Analyzing the sustainability of a newly developed service: An activity theory perspective[J]. Technovation, 34 (2): 113-125.

Liu F C, Simon D F, Sun Y, et al. 2011. China's innovation policies: Evolution, institutional structure, and trajectory[J]. Research Policy, 40 (7): 917-931.

Low M B, Abrahamson E. 1997. Movements, bandwagons, and clones: Industry evolution and the entrepreneurial process[J]. Journal of Business Venturing, 12 (6): 435-457.

Lundberg H, Andresen E. 2012. Cooperation among companies, universities and local government in a Swedish context[J]. Industrial Marketing Management, 41 (3): 429-437.

Lundvall B A. 2002. National systems of production, innovation, and competence building[J]. Research Policy, 31 (2): 213-231.

Mcgahan A M, Argyres N, Baum J A C. 2004. Context, technology and strategy: Forging new perspectives on the industry life cycle[J]. Advances in Strategic Management, 21 (1): 1-21.

Monroe K B. 1991. Pricing: Making Profitable Decisions[M]. New York: Mc Graw-Hill.

Mortara L, et al. 2010. Developing atechnology intelligence strategy at Kodak European research: Scan & target[J]. Research Technology Management, 53 (4): 27-38.

Nelson R R. 1994. The Co-evolution of technology, industrial structure, and supporting institutions[J]. Industrial and Corporate Change, 3 (1): 47-63.

Panagiotou G, Wijnen R. 2005. The "telescopic observations" framework: an attainable strategic tool[J]. Marketing Intelligence & Planning, 23 (2): 155-171.

Parasuraman A, Berry L L, Zeithaml V A. 1991. Understanding customer expectations of service[J]. Sloan Management Review, 32 (3): 39-45.

Perez C. 2002. Technological Revolutions and Financial Capital: The Dynamics of Bubbles and Golden Ages[M]. Northampton: Edward Elgar Publishing.

Porter M E. 1996. Competitive advantage, agglomeration economics and regional policy[J]. International Regional Science Review, 19 (1/2): 85-90.

Parkes S. 1984. The Rate of Obsolescence of Patents, Research Gestation Lags, and the Private Rate of Return to Research Resources[M]. Chicago: University of Chicago.

Qian Y, Jin H, Weingast B R. 2005. Regional decentralization and fiscal incentives: Federalism, Chinese style[J]. Journal of Public Economics, 89 (9-10): 1719-1742.

Ravald G, Grönroos C. 1996. The value concept and relationship marketing[J]. European Journal of Marketing, 30 (2): 19-30.

Reid S E, Brentani U D. 2004. The fuzzy front end of new product development for discontinuous innovations: A theoretical model[J]. The Journal of Product Innovation Management, 21 (3): 170-184.

Reid S E, Brentani U D. 2004. The fuzzy front end of new product development for discontinuous innovations: A theoretical model[J]. The Journal of Product Innovation Management, 21 (3): 170-184.

Rothwell R. 1994. Towards the fifth-generation innovation process[J]. International Marketing Review, 11 (1): 7-31.

Spinello R A. 1998. The knowledge chain[J]. Business Horizons, 41 (6): 4-14.

Stilgoe J, Owen R, Macnaghten P. 2013. Developing a framework for responsible innovation[J]. Research Policy, 42 (9): 1568-1580.

Stuckey M, Shapiro S, et al. 2013. A lifestyle intervention supported by mobile health technologies to improve the cardiometabolic risk profile of individuals at risk for cardiovascular disease and type 2 diabetes: Study rationale and protocol[J]. BMC Public Health, 13 (1): 1-19.

Suarez F F. 2004. Battles for technological dominance: An integrative framework[J]. Research Policy, 33 (2): 271-286.

Sun Y T, Liu F C. 2010. A regional perspective on the structural transformation of China's national innovation system since 1999[J]. Technological Forecasting and Social Change, 77(8): 1311-1321.

Suzuki K, Goto A. 1989. R&D capital, rate of return on R&D investment and spillover of R&D in Japanese manufacturing industries[J]. Review of Economics and Statistics, 71 (4): 555-564.

Tanner A N. 2014. Regional branching reconsidered: Emergence of the fuel cell industry in European regions[J]. Economic Geography, 90 (4): 403-427.

Tian Z L, Hafsi T, Wei W. 2009. Institutional determinism and political strategies: An empirical investigation[J]. Business and Society, 48 (3): 284-325.

Tushman M L, Anderson P. 1986. Technological discontinuities and organization environments[J]. Administrative Science Quarterly, 42 (2): 439-465.

Tushman M L, Anderson P C, O'Reilly C. 1997. Technology cycles, innovation streams, and ambidextrous organizations: Organization renewal through innovation streams and strategic change[C]//Managing Strategic Innovation and Change: A Collection of Readings. Oxford: Oxford University Press.

Utterback J M, Suarez F F. 1993. Innovation, competition, and industry structure[J]. Research Policy, 22 (1): 1-21.

Wood C M, Scheer L K. 1996. Incorporating perceived risk into model of consumer deal assessment and purchase intent[J]. Advances in Consumer Research, 23 (1): 399-404.

Zeithaml V A. 1988. Consumer perceptions of price, quality and value: A means-end model and synthesis of evidence[J]. Journal of Marketing, 52 (3): 2-22.

Zeithaml V A, Berry L L, Parasuraman A. 1996. The behavioral consequences of service quality[J]. Journal of Marketing, 60 (2): 41-46.